Test Better,
Teach Better

The Instructional Role of Assessment

‘수업중심 교육평가’

더 나은 수업을 위한 평가의 역할

W. James Popham 저 | 김성훈 · 이현숙 공역

학지사

역자 서문

학교 교육에서 교수(teaching/instruction)와 학습(learning)이 성공적으로 이루어지기 위해서는 평가(assessment)가 양자 간에 유기적으로 통합될 필요가 있다. '학습을 위한 평가'라는 말에서도 알 수 있듯이 교수학습 활동은 연속적인 평가의 과정에 기초하여 이루어진다고 해도 과언이 아니다. 따라서 성공적인 수업을 바라는 교사는 평가자로서 기본적인 소양과 역량을 반드시 갖추어야 할 것이다. 물론 이러한 필요성은 교직에 입문하기 위해 준비하고 있는 예비 교사들에게도 그대로 적용된다.

이 책은 교육평가 분야의 세계적 권위자인 W. James Popham이 2003년에 발간한 저서 『Test Better, Teach Better: The Instructional Role of Assessment』를 번역한 것이다. 역자는 크게 두 가지 목적을 가지고 이 책을 번역하였다. 먼저, 가장 근본적인 이유로서 예비 교사와 현직 교사 모두가 쉽게 읽을 수 있는 교육평가 전문서적을 소개하기 위한 것이다. 이 역서는 예비 교사에게는 교육평가 전반을 쉽게 이해할 수 있는 입문서의 역할을 하는 한편, 현직 교사에게는 교실에서 필요한 평가적 지식과 기법을 단기간에 습득하고 자신의 평가 수행 과정을 점검할 수 있게 하는 지침서의 역할을 할 것으로 기대한다.

Popham 박사의 책을 번역하게 된 또 다른 이유는 대규모 검사 개발자의 관점이 아닌 교사의 관점에서 교육평가의 목적과 역할 및 기능 등을 서술한 책이 필요했기 때문이다. 역자는 대학에서 교직 이론 및 교육학 강좌로 '교육평가'를 가르쳐 왔다. 이 강좌를 담당하면서 아쉬웠던 점은, 지금까지 국내외에서 발간된 교육평가 서적들이 대체로 대규모 검사 개발과 평가 결과의 통계적 처리에 관한 내용에 많은 비중을 두면서 여러 평가적 지식과 기법을 백과사전식으로 다루고 있다는 점이다. 이러한 지식과 기법은 대규모 검사 기관의 연구자들에게는 유용할지 모르지만, 교실 수업을 운영하는 교사들에게는 탈맥락적인 것들이라 할 수 있다. 교육평가 강좌에서 다루는 내용이 학교 현장에 실질적인 도움이 되기 위해서는 교수학습 활동과 긴밀히 연계된 과정으로서의 교육평가, 즉 '교수학습을 위한 평가'를 교사의 관점에서 일관되고 깊이 있게 다루는 책이 필요하다. Popham 박사의 책은 이러한 필요를 충족하기에 매우 적합한 내용으로 구성되어 있다고 본다.

보다시피 이 책은 '단기집중 강좌' 같은 성격의 책으로 분량이 그리 많지 않다. 그럼에도 수업 개선을 위한 평가에 초점을 두고 여러 이슈와 방법을 포괄적으로 다루고 있다. 즉, 이 책은 수업과 관련된 다양한 의사결정에서 교육평가의 역할, 수많은 교육목표를 교육평가를 통해 적절히 다룰 수 있는 방법, 교사라면 꼭 알아야 할 필수적 교육측정 개념인 타당도·신뢰도 및 평가 편파, 다양한 검사 유형의 장단점과 각 유형의 문항 제작을 위한 지침, 학생의 정의적 특성을 평가하는 것의 가치와 교실에서 정의적 평가를 수행하는 방법 그리고 수업의 효과성을 입증할 평가 자료의 수집 방법 등을 저자 자신의 경험과 더불어 흥미롭게 기술하고 있다. 이러한 본문의 기술과 더불어 각 장의 말미에는 검사와 평가에 대한 유용한 팁과 추천 참고문헌을 포함하고 있어, 핵심 내용의 정리와 심화 학습을 위한 안내의 기능도 충실히 수행하고 있다. 또한 마지막에 수록된 에필로그는 이 책에서 다룬 모든 평가적 지식과 기법을 습득한 가상의 '모범' 교사가 일 년 동안 자신이 담당한 학급에서 펼치는 평가 이야기를 담고 있어서 평가적 지식과 기법이 실제로 어떻게 활용될 수 있는지를 구체적으로 이해하는 데 도움을 주고 있다.

　적은 분량이지만 이처럼 알찬 내용으로 가득한 이 책이 현직 교사와 예비 교사, 교육평가 강좌 담당자 등 여러 독자의 요구에 부응하리라 믿는다.

역자　김성훈(한양대학교)

이현숙(건국대학교)

저자 서문

요즈음 학생들이 공부하고 있는 교실에 들어가 보면 시험을 보고 있는 장면을 어렵지 않게 볼 수 있다. 적어도 미국의 대부분 교사에게는 이러한 장면이 당연하게 여겨질 것이다. 최근에는 주(state)나 교육청 단위에서 의무적으로 실시하는 시험이 교실에서 치러지는 시험의 상당 부분을 차지하게 되었다. 쉬는시간은 본래 학생들이 수업과 수업 중간에 잠시 나가서 놀 수 있는 시간을 의미했지만, 지금은 외부 기관에서 부과하는 시험 부담으로 인해 시험이 없는 주간을 행운의 주간으로 여길 만큼 교실의 모습이 변화했다.

학교 책무성의 강조와 새로운 법의 등장

미국에서 시험이 폭발적으로 증가하게 된 주된 원인은 미국의 교육 행정가들이 학교 교육의 책무성을 강조하게 되면서 공교육의 성공적인 수행에 대한확실한 증거를 요구하게 된 데 그 배경이 있다. 교육 행정가들뿐만 아니라 국민조차도 시험 성적이 학교 교육의 효과를 측정하는 궁극적인 척도라고 믿는경향이 있다. 이러한 상황에서 교사들은 자연히 학생들의 시험 성적을 향상시켜야 한다는 부담을 가질 수밖에 없다. 이는 시험 성적이 높으면 학교가 제 역할을 다한 것이고, 시험 성적이 낮으면 학교가 제 역할을 다하지 못한 것이라는 논리에 근거한 것이다.

이미 전 국가적으로 그 중요성이 강조되어 온 대규모 표준화 시험은 2002년 초에 Bush 행정부가 단위 학교에 대한 평가와 책무성 규정을 매우 강하게 부여한 「아동낙오방지법(No Child Left Behind: NCLB)」을 통과시키면서 강화되었다. 이 법이 대중에게 널리 알려지게 된 계기는 2005~2006학년도에 모든 주를 대상으로 하는 주 단위 평가에 대한 의무 조항의 발효가 결정되면서부터다. 이 조항에 따르면 미국의 모든 주는 읽기와 수학 교과에 대해 3~8학년과 고등학교 졸업 전 최소 1개 학년의 모든 학생에 대해 주 교육청 주관으로 성취도 검사를 1년에 한 번씩 의무적으로 실시해야 한다. 또한 모든 주는 2007~2008학년도부터 일부 학년을 대상으로 과학 교과에 대한 평가 실시를 의무화하였다. NCLB 정책하에서 실시된 검사 결과는 학생의 시험 점수를 학교 및 교사의 질적 수준과 관련시키는 주 단위 책무성 평가 시스템에서 매우 중요한 역할을 하게 될 것이다.

그러나 교사의 관점에서 보면, 이와 같이 외부 기관의 주도하에 의무적으로 실시되는 평가가 교수학습의 질을 어떻게 향상시킨다는 것인지에 대해 의문을 가지게 된다. 책무성 정책의 산물로 개발된 시험의 결과가 교실에서는 거의 유용성을 가지지 않기 때문이다. 사실 많은 교사는 요즘 실시되는 책무성 평가의 교육적 효과가 거의 없다고 인식하고 있다. 이러한 평가를 통해 한 학생의 강점과 약점에 대해 자세한 진단적 정보를 얻을 수 있다고 생각하는 교사는 많지 않다. 아울러 한 학생의 평가 결과를 바탕으로 그 학생의 성취를 향상시키기위해 교사가 어떠한 교수학습적 지원을 제공해야 하는지에 관한 아이디어를 얻는 것도 어렵다. 이와 같이 교육적 효과는 적고 교사와 학생들에게 부담만주는 평가 결과로 인해, 교사들은 학습에 도움을 주거나 효과적인 학습에 필수적인 요소로서 평가의 성격을 규정하기보다는, 걱정이나 두려움, 혹은 어떻게

든 처리해 버려야 하는 대상이라는 부정적인 성격으로 규정하게 되었다. 그러나 평가는 적절하게 활용만 된다면 효과적인 학습을 위한 필수적인 요소로 기능할 수 있다. 다음 절에서는 어떠한 점에서 평가가 긍정적 기능을 할 수 있는지 설명하고자 한다.

올바른 처방으로서의 평가

많은 학교에서는 평가를 너무 자주 실시하는 데 염증을 느끼고 있다. 그러나 평가는 잘만 활용되면 교사에게 학생들을 잘 가르치는 방법에 관한 강한 통찰력을 제공할 수 있다. 대부분의 교사가 교직을 선택하게 된 가장 근본적인 이유는 학생들을 잘 가르치기 위함이다. 그러나 현실적으로 평가에 대한 최소한의 지식을 갖추지 못한 교사들은 가르치는 일을 굳건히 해내기 어려울 가능성이 크다. 교사가 학생들을 잘 가르칠 수 있도록 하는 평가는 어떠한 평가인가? 이것이 바로 이 책을 쓴 이유다. 이 책은 세 유형의 독자를 주요 대상으로 하고 있다.

첫째, 현직 교사 가운데 학부나 대학원에서 교직을 이수하면서 교육평가를 정규 교과목으로 수강하지 않은 교사들이다.

둘째, 현직 교사 가운데 학부나 대학원에서 교육평가 관련 과목을 수강하기는 하였으나 프로그램의 내용이 너무 이론적인 측면에만 치우쳐서 실제 교실에서 필요한 평가 관련 지식과는 관련성이 적다고 느끼는 교사들이다.

셋째, 학부나 대학원에서 교직을 이수하고 있는 학생들 가운데, 교수법이나 교육심리 강좌를 수강하면서 교육평가에 대해 더 깊이 학습해야 할 필요성에 내해 안내를 받은 경우다.

이 책의 주요 독자들에 관해 밝혔으니, 이제는 필자가 왜 이 책을 집필하였고 이 책에서 어떤 내용을 소개하는지에 관해 간략히 안내하고자 한다. 필자는 현재 교육계에 몸담고 있는 교육자나 교육자가 되고자 하는 학생들에게 교육평가에 관해 가장 기본적인 내용을 제공하고자 한다. 구체적으로, 현직 교사나 미래의 교사들이 학생들을 효과적으로 가르치기 위해 필요한 평가 관련 지식과 기술에 관해 습득할 수 있도록 돕는 것이 이 책을 저술한 이유다.

교수학습에 중점을 둔 평가의 두 가지 종류

교수학습 과정을 향상시키기 위해 실시하는 평가에는 크게 두 가지 종류가 있다. 첫째는 학생들이 각 단원의 구체적인 학습 내용을 습득했는지를 측정하기 위해 교사가 직접 제작한 교실 평가(classroom test)이고, 둘째는 주나 교육청 단위에서 의무적으로 실시하는 외부 평가(externally imposed test)다. 후자는 주로 내용 전문가들이 필수적이라고 합의한 공동의 교육목표를 학생들이 달성했는지 평가하기 위해 전문적인 검사 개발자들이 체계적으로 제작한 평가다.

교사들은 외부 평가보다 자신이 직접 제작한 평가에 더 많은 영향력을 행사할 수 있으므로, 이 책의 대부분은 교사가 제작한 교실 평가 도구와 이를 제작하고 활용하는 데 직접적인 시사점을 줄 수 있는 측정평가의 개념과 원리를 중심으로 구성하였다. 하지만 대부분의 교사는 외부 평가의 결과가 많은 영향을 미칠 수밖에 없는 현실에 처해 있기 때문에 외부 평가와 관련된 이슈도 함께 소개하고자 한다. 교사들은 외부로부터 부과된 평가의 활용과 오용에 대해 익숙해짐으로써 학생들에게 실시되는 평가가 어떤 측면에서 잘못 활용되고 있는지 인식하고, 이러한 현상에 대해 설득력 있게 반론을 제기할 수 있어야 한다. 또한 외부 평가의 활용 방식이 개선될 수 있도록 의견을 개진할 수 있어야 한다. 이 책의 내용 중 일부는 교실 평가에만 해당하고, 어떤 내용은 외부평가에만 해당하며, 두 평가 모두에 해당되는 내용도 있다.

평가에 관한 저자의 두 저서

이 책이 나오기 얼마 전에 필자는『평가에 관한 진실(The Truth About Testing)』이라는 책을 ASCD(Association for Supervision and Curriculum Development)라는 출판사를 통해 출간한 바 있다. 두 책 모두 교육평가 분야의 주제를 다루고 있기 때문에, 각 책이 평가라는 주제를 어떠한 방식으로 다루고 있는지에 관해 독자들이 혼동할 수도 있을 것이다. 따라서 두 책의 차이에 관해 간략히 소개할 필요가 있다고 본다

『평가에 관한 진실』은 '실천을 위한 어느 교육자의 요구(An Educator's Call to Action)'라는 부제가 달려 있다. 이 책에서 필자는 미국의 학교 시스템에서 평가로부터 기인한 문제가 어떠한 방식으로 교육의 질적 수준을 잠식하고 있는지에 관해 교육자들에게 알리고자 하였다. 필자는 먼저 검사와 관련된 문제점을 지적하고, 이러한 상황에서 교육자들이 택할 수 있는 실천 방안에 관해 제안하였다. 간단히 말해서,『평가에 관한 진실』은 학교 현장에서 시험을 잘못 활용함에 따라 파생되는 문제를 개선하기 위해 교육자들의 실천을 이끌어 낼 수 있도록 다양한 교육 전문가와 영향력 있는 교육계 인사들에게 간곡히 요청하는 책이라고 할 수 있다. 반면, 여러분이 읽고 있는 이 책은 교사들에게 꼭 필요한 평가의 실제적 지식에 관해 소개함으로써 교실 평가의 장점을 최대한 활용할 수 있도록 하고, 학생들에게 실시되는 외부 평가에서도 가능한 한 교육적 활용도를 최대한 높일 수 있도록 하는 목적을 가지고 있다.

두 책은 중복되는 내용이 일부 존재한다. 평가 관련 개념 가운데 모든 교육자가 반드시 알아야 할 내용이 있기 때문이다. 예를 들어, 필자는 두 책 모두에서 전통적으로 제작된 표준화 성취도 검사가 미국 교육에 이토록 부정적인 영향을 미치는 이유가 무엇인지에 관해 독자들에게 이해시키고자 노력하였다. 필자는 현직 교사들과 미래의 교사들이 이러한 문제 이면에 존재하는 근본적

인 원인에 관해 명확히 이해하기를 바란다. 그러나 『평가에 관한 진실』에서는 이 책에서 중요하게 다루고 있는 교실 평가의 제작이나 활용과 같은 측면은 거의 다루고 있지 않다. 교사들은 다양한 평가 문항에 대해 이해하고 평가 문항을 제작하는 방법에 관해서도 알 필요가 있다. 이러한 관점에서 볼 때, 이 책은 '실천에 대한 요구'보다는 바람직한 검사/평가 활용을 위한 안내서의 성격을 가진다고 할 수 있다.

평가의 세계로 초대

이 책을 집필한 이유에 대해 밝혔으니, 이제 구체적으로 이 책이 어떤 내용을 다루고 있는지에 관해 소개하고자 한다. 이 책에서 독자들이 접하게 될 평가에 관한 모든 내용은 교실 수업을 둘러싸고 이루어지는 교수적 의사결정과 직접적으로 관련되어 있다. 각 장의 마지막에는 교사들을 위한 가장 실질적인 시사점을 요약한 '수업중심 평가를 위한 팁(Instructionally Focused Testing Tips)'을 제공함으로써 학생들이 학습한 내용을 잘 마무리할 수 있도록 하였다.

이 책의 본문으로 들어가기 전에 마지막으로 한 가지만 더 밝혀 두고자 한다. 이 책은 시간이 많지 않은 독자들을 위해 특별히 기획하여 집필한 매우 짧은 분량의 책이다. 따라서 평가와 관련된 주제를 종합적으로 다루기보다는 교수적 결정을 해야 하는 교사들에게 가장 중요하다고 생각되는 주제만 모아서 집필하였다. 이 책의 기본 개념을 읽어 나가다 보면, 보다 자세히 알고 싶은 주제가 생기게 될 것이다. 각 장에서 간략히 다룬 주제에 관해 더 깊이 알고 싶은 독자들을 위해, 각 장의 마지막에는 교사들이 참고할 만한 추천 문헌들을 제시하였다.

여러분은 이 책을 수업중심 평가에 대한 단기 속성 교재라고 생각하면 될 것이다. 경력 교사들은 이 책을 하루 이틀 정도에 다 훑어볼 수 있을 것이며,

교직을 이수하고 있는 학생들이라면 교수가 안내하는 대로 읽으면 된다. 이 책을 어떤 속도로 읽든지 간에, 이 책에 제시된 개념을 습득하면 교사로서 더 나은 수업을 하는 데 충분히 도움이 될 것이라고 확신한다. 교사가 더 나은 수업을 하면 학생들은 더 잘 배우게 될 것이다. 이제 실질적인 평가의 세계로 들어가 보자.

차 례

평가와 수업의 연계

대부분의 사람은 수업과 평가 사이에 어떠한 관계가 존재한다고 생각하며, 이는 교사든 일반인이든 크게 다르지 않을 것이다. 사람들은 일반적으로 교사가 수업을 잘하면 학생들이 대체로 시험을 잘 볼 것이라고 생각한다. 그러나 교사가 어떻게 평가하는지, 즉 교사가 평가를 설계하고 평가 결과를 적용하는 방식에 따라 수업의 질이 달라질 수 있다는 점은 간과되는 경우가 적지 않다.

교사의 수업과 평가 간의 연관성은 매우 중요하며, 교사가 이에 관해 충분히 이해한다면 수업의 효과에 매우 큰 향상을 가져올 것이다. 나는 이 글을 읽는 독자들이 평가가 수업에 도움을 준다는 기본 개념을 단순히 수용하는 차원을 넘어서 이를 실천하기를 원한다. 또한 평가를 수업과 연결시키는 데서 오는 교수학습상의 장점을 교사들이 몸소 체험하기를 바란다. 그렇게 되면, 당신은 더 잘 가르치는 교사가 될 것이고, 학생들은 더 잘 배울 것이다. 여러분이 더 좋은 교사가 된다면, 나는 이 책의 저자로서 더없이 행복할 것이다. 자 그럼 본격적인 논의를 시작해 보자.

1. 평가라는 이름에 담긴 의미

수업과 평가에 관한 논의를 시작하기에 앞서 몇 가지 용어를 정의하고자 한다. 첫째, 검사(test)란 무엇인가, 더 구체적으로 말해서 교육 검사(educational test)란 무엇인가? 검사란 간단히 말해서 학생의 지식, 기능(skills), 태도와 같은 구체적인 변인에서 한 학생이 어느 정도의 위치에 있는지를 결정하기 위한 형식적인 시도라고 할 수 있다. 여기서 '형식적'이라는 단어는 매우 중요한 의미를 가진다. 이는 교사가 학생들에 대해 일상적으로 내리는 다양한 판단 과정과는 구별되는 개념이다. 내가 미국 오리건 주(State) 동부의 작은 마을에 있는 고등학교에서 교직 생활을 처음으로 시작하던 시절, 우리 반에 Mary Ruth Green이라는 학생이 있었다. 전날 내 준 영어 숙제를 Mary가 어느 정도 수준으로 해 왔는지를 나는 쉽게 짐작할 수 있었다. 숙제로 내 준 주제에 관해 토의할 때 Mary가 적극적으로 참여하면 주어진 과제를 잘 습득했다고 판단할 수 있었던 반면, 조용히 앉아서 내 눈길을 피하면 그 전날 부여된 과제를 제대로 수행하지 못했을 것이라고 추측할 수 있었다.

교사는 이처럼 수업 시간 중에 관찰할 수 있는 정보를 통해 학생들이 무엇을 알고 있는지 즉각적으로 판단할 수 있지만, 이러한 판단은 비형식적이고 상당히 빈약한 관찰 자료에 의존한 것인 경우가 많다. 이와는 대조적으로, 검사는 학생이 지적 기능을 수행하는 능력, 예컨대 간단한 지원 서류를 작성한다거나 화학 수업에서 세운 가설을 검증하기 위해 실험을 수행하는 것과 같은 다양한 능력에서 한 학생의 위치를 결정하기 위한 체계적인 노력이 수반되는 절차라고 할 수 있다.

흔히 검사라고 하면 전통적인 지필의 형태로 이루어지는 선다형 검사나 진위형의 짧막한 퀴즈를 떠올릴 것이다. 이러한 이유 때문에 교육자들은 점차 검사라는 용어보다 평가(assessment)라는 용어를 더 선호하는 경향이 있다. 평가라고 하면 전통적인 형태의 검사뿐만 아니라, 학생이 작성한 포트폴리오나 실험 활동에 관한 모둠 보고서에서 학습의 증거를 찾는 것과 같이 비교적 최근에 정의되고 있는 평가 활동의 개념까지 포괄한다. 사실, 검사라는 단어를 전통적인 지필형 검사에 국한하여 좁은 의미로 해석하지만 않는다면, 검사와 평가는 혼용해도 무방하다. 평가와 관련하여 유사하게 사용되고 있는 용어 가운데, 기술적인 측면이 강조된 측정(measurement)과 다소 심각한 분위기를 풍기는 시험(exam)이 있다. 검사, 평가, 측정, 시험, 이 네 가지 용어는 모두 교육 분야에서 다루어지는 다양한 변인과 관련하여 학생들의 현 위치를 결정하고자 하는 형식적인 시도를 나타낸다는 공통점을 가진다. 이 책의 전반에 걸쳐 이 네 가지 용어는 맥락에 따라 혼용될 것이다.

2. 우리는 왜 평가하는가

인간의 내면적 특성은 파악하기 쉽지 않다. 어린이와 청소년들의 내면적 특성도 마찬가지다. 이 점에 대해서는 인간의 심리를 다루는 정신과 의사나 일반인 모두 어느 정도 동의할 것이다. 예를 들어, 어떤 교사가 Ted라는 학생의 읽기 능력을 파악하고자 할 때, Ted의 읽기 능력은 눈으로 확인할 수 있는 성격의 것이 아니다. 읽기 능력은 겉으로 드러나지 않는 잠재적인 속성을 가지며, 교사는 이처럼 숨겨진 능력을 밖으로 끌어낼 수 있는 방법을 찾아야 한다. 몇 개의 지문과 15개의 문항으로 구성된 짧은 검사를 만들어서, 지문을 읽고 저자의 중심 생각이나 중요한 세부 내용을 파악하도록 하는 것도 하나의 방법이다. Ted가 15개 문항을 모두 맞힌다면 교사는 이 검사에서 드러난 Ted의 수행 결과를 기초로 Ted의 잠재적 읽기 능력에 관해 추론할 수 있을 것이다.

이에 관해 잠시 생각해 보면, 교사가 학생들에게 가르치고자 하는 것들은 거의 대부분 직접 관찰할 수 없는 경우가 많다. 다른 예로, 맞춤법 실력 역시 관찰할 수 없는 성격을 가지기 때문에 단지 추론될 뿐이다. 교사의 머릿속에서는 다음과 같은 생각이 일어날 것이다.

> Martha는 맞춤법 시험에서 좋은 성적을 받았다. 20개 단어 가운데 18개의 철자를 정확히 적었다. 이 결과에 근거할 때, Martha가 상당히 높은 수준의 맞춤법 실력을 갖추었다고 추론하는 것은 합리적이라고 생각된다. 비슷한 수준의 20개 단어를 다시 제시하더라도, Martha는 비슷한 수준의 실력을 나타낼 것이라고 예상할 수 있다.

Martha가 'awry'라는 철자를 적을 때 교사의 눈에 보이는 것은 단지 'awry'라는 철자를 바르게 쓰고 있는 행위이지 Martha의 맞춤법 실력 자체는 아니다. Martha가 맞춤법 시험에서 얼마나 잘 했는지를 관찰함으로써, 교사는 Martha의 맞춤법 실력이 어느 정도 수준인지를 추론해야 한다. 맞춤법 시험을 더 많이 볼수록, Martha의 맞춤법 실력에 대해 교사가 내리는 추론에 더 큰 확신을 가질 수 있을 것이다. 시험을 한 번만 보더라도 어떤 학생의 능력에 대해 추론하는 것이 가능하지만, 시험이 여러 번 실시된다면 더 정확한 추론이 가능할 것이다.

이와 마찬가지로, 학생의 기초 연산 능력 역시 관찰 불가능한 속성을 가지며, 사칙연산을 다루는 시험에서 학생이 수행한 결과에 따라 그 학생의 연산 능력을 추론할 수 있다. 반 친구들 앞에서 자신의 생각을 발표하는 상황에서 학생이 가지는 자신감 역시 관찰 불가하지만, 구두 발표 상황에서 자신감을 측정하기 위해 특별히 구안된 평가 도구에 학생이 응답한 결과를 바탕으로 추론할 수 있다. (정의적 특성을 측정하는 검사와 관련해서는 제8장에서 자세히 설명하고자 한다.)

　그러므로 교육평가는 근본적으로 추론의 과정이라고 할 수 있다. 즉, 읽기 능력, 역사에 관한 지식, 연립 방정식의 해를 구하는 능력, 사회 과목에 대한 흥미 등 교육적으로 중요한 가치를 지닌 잠재 변인에서 한 학생의 위치를 정확하게 파악하기 위하여, 검사 점수와 같이 관찰 가능한 증거를 형식적으로 수집하고, 이를 바탕으로 학생의 능력에 대해 추론하는 과정이라고 할 수 있다. 이러한 과정은 [그림 1-1]에 제시하였다.

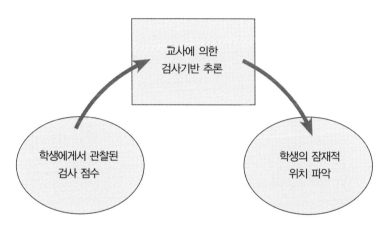

[그림 1-1] 추론 과정으로서의 교육평가

　Mary의 예에서도 볼 수 있듯이, 교사가 공식적 검사가 아닌 비형식적 증거를 바탕으로 학생들에 관해 추론하는 것도 물론 가능하다. 만약 Alvin이라는 학생이 교사에게 건넨 쪽지에 맞춤법이 틀린 단어가 몇 개 들어 있었다면, 교사는 Alvin의 맞춤법 실력이 그다지 좋지 않을 것이라고 추측할 수 있을 것이다. 그러나 교사가 학생들의 맞춤법 실력을 평가하기 위해 만든 검사는 그 연령대의 학생들에게 요구되는 수준의 단어들로 구성되어 있고 단어의 개수도 훨씬 많을 것이기 때문에, 이러한 검사를 통해 얻은 점수는 Alvin의 맞춤법 실력에 대해 정확하게 추론할 수 있는 가능성을 높일 수 있을 것이다.

학생의 능력에 대해 정확하게 추론하는 것은 매우 중요하다. 학생의 지식, 기능, 태도에 대한 정확한 이해는 교사가 교수학습 상황에서 내리는 다양한 결정에 기초가 되기 때문이다. 물론 교사가 검사에 기반하여 더 정확히 추론할수록 이와 같은 결정의 타당성에 관해 더 큰 확신을 가질 수 있을 것이다.

3. 평가는 어떠한 교육적 결정에 도움이 되는가

지금까지 필자는 교육과 평가 사이에 상당히 밀접한 관계가 존재한다는 점을 계속해서 강조해 왔다. 이제 좀 더 구체적으로 이야기해 보자. 교사는 검사의 특성 자체 또는 검사에서 학생들이 보인 수행 결과로부터 다양한 정보를 얻는다. 교사가 이와 같은 정보를 바탕으로 내리는 교육적 결정에는 다음과 같은 네 가지 유형이 있다.

• **교육과정의 성격과 목적에 대한 결정** 교사는 본질적으로 다음과 같은 질문에 대한 해답을 찾고자 한다. "내가 진정으로 가르치고자 하는 것은 무엇인가? 학생들이 알아야 하는 것은 무엇이고, 어떤 것을 할 수 있어야 하는가? 교육과정에 설정된 거시적인 교육목표를 학생들이 이해할 수 있는 구체적인 학습 요소로 바꾸려면 어떻게 해야 할까?"

• **학생의 선수 학습 지식에 관한 결정** 이와 관련된 질문은 다음과 같다. "내가 가르치려고 하는 주제에 관해 학생들이 이미 알고 있는 지식은 무엇인가? 이 주제를 학습하기 위해 필요한 수준과 학생들의 현재 상태 사이에 내가 채워 주어야 할 간극이 존재하는가? 학생들이 현재 알고 있는 지식과 능력 등을 고려할 때, 학습 결손을 보충하거나 도전적인 과제를 부여하는 등 애초에 내가

세운 수업 계획을 학생들의 상태에 맞추어 수정해야 할 필요가 있는가?"

• **수업 시간에 대한 결정**   이와 관련된 질문은 다음과 같다. "이 학습 내용을 학생들이 완전히 숙달하는 데 어느 정도의 시간이 소요될 것인가? 이 내용을 배우는 동안 학생들은 어떻게 변화하고 있는가? 수업은 별 문제 없이 잘 진행되고 있는가? 계획한 스케줄에 맞추어 수업을 계속 진행할 것인가? 다음 학습 내용으로 넘어가도 되겠는가?"

• **수업의 효과에 대한 결정**   이와 관련된 질문은 다음과 같다. "학생들에게 배움이 일어났는가? 내가 선택한 교수법은 효과가 있었는가? 특별히 어떤 학습 활동이 가장 도움이 되었는가? 수정이 필요한 부분이 있는가?"

이제 교사들이 확신을 가지고 이와 같은 결정을 할 수 있도록 하는 데 검사의 설계와 검사를 적용한 결과가 어떠한 방식으로 도움을 줄 수 있는지에 관해 더 구체적으로 알아보자.

1) 교육과정을 명료화하기 위한 평가의 활용

교육자들은 일반적으로 교육과정을 학생들이 교육의 과정에서 성취하기를 원하는 성과로서 인식한다.[1] 과거에 교사로 재직하던 시절, 많은 교사가 교육과정에 명시된 목적을 기술하는 데에 교육목표(educational objectives)라는 표현을 사용했던 기억이 있다. 물론 오늘날에도 교육과정은 수업의 결과로 학생

---

1) 역자 주: 여기서 저자는 교육과정(curriculum)을 '문서로서의 교육과정'이나 '실천으로서의 교육과정' 보다는 '성과로서의 교육과정'으로 보고 있음.

들이 습득하기를 원하는 지식과 기능을 명시한 내용기준(content standards)[2] 으로서 기술된다. 이와 같이 다소 포괄적인 내용기준하에 구체적으로 세분화하여 정의된 지식과 기능은 벤치마크(benchmarks)라는 용어로 불리곤 한다. 세월이 지나면서 명칭은 달라질 수 있어도, 학생들이 배울 내용을 진술해야 한다는 교육과정의 본질적인 목적 자체는 변하지 않는다.

교육과정이 추구하고자 하는 목적을 내용기준으로 부르든지 교육목적이나 교육목표로 부르든지에 관계없이, 주나 교육청 차원에서 전달된 교육과정의 지향점은 교사들이 매 시간 수업을 계획하는 데 필요한 교수학습 목표에 비해 명확하게 진술되지 않은 경우가 많다. 예를 들어, "학생들은 입법부, 행정부, 사법부의 공식적 · 비공식적 관계에 대해 이해할 수 있다."라고 진술된 사회과 내용기준을 초등학생들에게 가르치려고 하는 상황을 생각해 보자.

여러분이 이 내용을 가르쳐야 하는 초등학교 5학년 교사라고 가정하자. 수업 계획을 어떻게 세울 것인가? 개인적으로 나는 이 목표가 너무 모호하게 진술되어 있다고 생각한다. 교사들은 이 목표를 쉽게 이해할 수 있다고 생각하겠지만, 이 목표가 실제로 의미하는 바가 무엇인지에 관해서는 저마다 다르게 해석하고 있을 가능성이 높다. 예를 들어, 세 기관이 상호작용하는 데 지켜야 할 공식적 · 비공식적 '견제와 균형'의 원리에만 초점을 두는 교사가 있을 것이고, 세 기관 사이의 '공식적', '비공식적' 관계의 차이를 강조하는 교사도 있을 것이다.

이 단원을 배운 5학년 학생들이 학기말에 '기준기반(standards-based)' 교육개혁의 일환으로 실시되는 사회과 표준화 검사를 봐야 하는 상황을 생각해 보자. 만일 시험 출제자가 이 교육목표를 해석한 방식과 이 학생들을 가르친

---

2) 역자 주: 우리나라의 국가수준 교육과정 문서에서는 미국의 '내용기준'에 해당하는 내용을 '성취기준' 으로 지칭함.

교사가 해석한 방식이 다르고 이 교사가 자신이 해석한 방식대로 수업을 진행했다면, 학생들은 그 교사나 교장, 학부모가 기대하는 만큼 좋은 성취를 나타내지 못할지도 모른다.

이처럼 교육과정 목표가 교사에 따라 다양하게 해석될 여지가 있다면, 교사는 본래 의도에서 벗어난 내용을 가르치게 될 가능성이 크고, 이는 결과적으로 학생들의 성취도 저하를 가져올 수 있다. 그러나 교육과정 목표와 함께 그 목표가 어떠한 방식으로 평가될지 명시한 평가 문항이 예시적으로 제공된다면, 교사들은 이러한 문항을 분석하여 주나 교육청이 무엇을 원하는지에 관해 보다 정확히 파악할 수 있을 것이다. 예시 문항을 통해 교육과정의 실제 의도를 파악하게 되면, 교사들은 교육과정과 더 밀접하게 접목된 수업을 효과적으로 계획할 수 있을 것이다.

예를 들어, 정부 조직과 관련된 5학년 사회과 교육목표가 다음과 같은 문항을 통해 평가된다고 가정해 보자.

〈예시 문항 1〉

> 다음 중 미국 연방정부의 3개 기관 중 외국과의 조약을 법제화하는 데 주된 책임이 있는 기관은?
>
> a. 입법부
> b. 사법부
> c. 행정부
> d. 어느 기관도 독자적인 책임을 가지지 않음

〈예시 문항 2〉

정부의 안정성에 관한 다음 진술문을 읽고 맞으면 T, 틀리면 F를 표기하시오.

a. 지방 정부 수준에서 임기제를 법제화한 것은 미국 연방 입법부의 안정성을 더욱 강화하였다. (T / F)

b. 탄핵 절차를 허용한 것은 미국 연방 행정부의 안정성을 저해하였다. (T / F)

c. 미국 역사상 가장 안정성이 높은 미국 정부 기관은 사법부였다. (T / F)

〈예시 문항 3〉

미국 건국의 주역이라고 할 수 있는 연방헌법 제정자들은 정부기관 간에 견제와 균형의 원리를 구현하였다. 3개 정부 기관 중 2개의 기관을 선택하여, '조세' 분야에서 한 정부기관이 다른 기관을 공식적으로 어떻게 견제할 수 있는지 설명하시오.

이 예시 문항을 보고 나면, 교사는 "학생들은 입법부, 행정부, 사법부의 공식적·비공식적 관계에 관해 이해할 수 있다."라는 교육목표를 어떻게 가르쳐야 할지에 대해 더 명확하게 이해할 수 있을 것이다. 〈예시 문항 1〉은 정부의 세 가지 기관에 어떠한 책임이 주로 부여되고 있는지에 관해 학생들이 학습해야 한다는 점을 명확히 하고 있다. 〈예시 문항 2〉는 정부의 안정성과 같은 중요한 요인이 각 기관마다 존재하는 이유에 대해 학생들이 알아야 함을 명시하고 있다. 마지막으로, 〈예시 문항 3〉의 경우, 학생들이 미국 정부 기관의 공식적·비공식적 관계에 대해 이해할 필요가 있음을 나타내고 있다. 세 번째 문항에서는 '공식적'이라는 용어에 초점을 두고 있음이 분명하기 때문에, 이 문항과 더불어 다른 문항에서는 '비공식적'인 측면에 초점이 주어질 것으로 짐작할 수 있다. 더욱이, 〈예시 문항 3〉은 학생들이 단순히 주어진 답지에서 정답을 선택하는 방식이 아니라 스스로 답변을 구성함으로써 이 내용에 관해 더 깊이 이해해야 함을 암시하고 있다.

교육과정 목표에 대한 진술문과 더불어 이와 같은 세 가지 예시 문항을 참고한 교사들은 교육과정 내용기준 이면에 존재하는 본래 의도가 무엇인지를 훨씬 더 명확히 이해할 수 있을 것이다. 결과적으로, 교사들은 목표에 적중하면서도 훨씬 더 효과적인 방식으로 수업을 진행할 수 있게 될 것이다.

이처럼 교육과정 목표를 명확히 이해하기 위해 평가 문항을 활용하는 데서 오는 이점은 교사가 직접 작성한 교육과정 목표에서도 동일하게 적용된다. 어떤 교사가 자신이 직접 선택한 교육과정 목표를 가르치고자 하더라도, 그 목표가 정확히 반영된 교수학습 계획을 짤 수 있을 만큼 이해하고 있는 상태가 아니라면 교육과정과의 관련성이 높은 수업을 구성하기 어려울지도 모른다. 초임 교사 시절을 돌이켜 보면, 나는 막연히 학생들이 '더 좋은 글을 쓸 수 있기를' 원했던 것 같다. 학기가 진행되는 동안 이 목표를 계속해서 염두에 두고 있기는 했지만, '더 좋은 글을 쓴다는 것'이 정확히 무엇을 의미하는지에 대해서는 명확한 해답이 없었다. 학기가 진행되면서 나는 학생들에게 가끔씩 에세이 과제를 내 주곤 했다. 그러나 부끄럽게도 기말 고사에서 내가 낸 문항은 작문의 기술을 묻는 선다형 문항(multiple-choice item)이었다.

예시 평가 문항을 미리 작성해 보는 것은 원하는 결과가 무엇인지를 명확히 이해하는 데 도움을 준다. 대부분의 경우, 평가 예시를 함께 제시한 교육과정 목표는 이러한 예시가 제시되지 않은 목표에 비해 더 좋은 수업으로 연계될 가능성이 크다. 교사들이 교수 목표를 명확히 하도록 돕는 데 있어서 평가가 가지는 중요성은 매우 크기 때문에, 이 주제에 관해서는 제2장에서 더 깊이 다루고자 한다.

2) 학생의 출발점 상황을 파악하기 위한 평가의 활용

대부분의 학교에서 교사들은 매해 다른 학생들을 만나게 된다. 교사들은 그해 만나게 되는 새로운 학생들이 어떠한 능력과 특성을 가지고 있는지에 관해 전혀 알지 못한다. 마찬가지로, 교사들이 어떤 내용을 가르치기 전 교사용 지도서를 통해 새로운 주제(예: 날씨, 호머의 서사시, 분수의 곱셈, 집단 토의 기술, 독립적인 업무 수행 능력 등)에 대한 수업을 준비할 때도, 그 주제에 대해 학생들이 어느 정도의 친숙도나 흥미를 가지고 있는지, 새롭게 배우게 될 기능에 어느 정도 전문성을 가지고 있는지에 관해 주로 이전 학년의 교육과정을 바탕으로 한 매우 제한된 정보만 가지고 있을 뿐이다. 학생이 배우게 될 교육 내용에서 학생 개인 또는 학급이 어느 정도 수준에 있는지를 아는 것은 교사가 적절하고 효과적인 수업을 계획하는 데 매우 중요한 도구가 된다. 그러므로 학생들이 어떤 수준의 지식, 기능, 태도를 갖추고 있는지를 파악하기 위해 교사가 직접 제작한 검사 등을 바탕으로 사전에 학생들을 평가함으로써 학생들의 출발점 수준을 정확히 파악하는 것은 매우 현명한 행동이라고 할 수 있다. 사전 검사(pretest)가 진단적 정보를 더 풍부하게 제공할수록, 교사에게 더 많은 도움이 될 것이다.

교사는 자신이 새로 가르치게 될 학생들이 이미 알고 있는 것과 앞으로 가르쳐야 할 것을 구별하기 위해 사전 검사를 사용할 수 있다. 여러분이 10학년 학생들에게 수필 쓰기를 가르쳐야 하는 영어 교사이고, 10학년 학생들이 이전 교육과정에서 수필 쓰기를 공식적으로 학습한 적이 없다는 것을 알고 있다고 가정해 보자. 이러한 상황에서 교사는 학생들이 수필 쓰기를 학습하는 데 필요한 주요 기능을 소유하고 있는지 판단하기 위해 사전 검사를 사용할 수 있을 것이다. 사전 검사를 통해 학생들이 맞춤법이나 구두점, 단어 사용에서 오류 없이 문장이나 문단을 서술할 수 있는지를 확인하는 것이 하나의 예가 될 수 있다. 만일 학생들이 이와 같은 기본 기능을 이미 갖춘 것으로 나타난다면, 이러한 기능에 수업 시간을 할애해서 다시 가르칠 필요가 없을 것이다. 만일 사전 검사 결과, 학생들이 작문에 필요한 기본적인 기능을 완전히 익히지 못한 것으로 나타난다면, 수필 쓰기를 본격적으로 다루기 전에 적정한 시간을 할애하여 이와 같은 기능을 익힐 수 있도록 해야 한다.

이 사례는 중요한 시사점을 준다. 교사가 사전 검사를 실시하는 주요 목적이 교육과정에 명시된 내용기준과 관련하여 학생들이 어느 정도 수준인지를 파악하는 데 있다면, 사전 검사에서 그 내용기준을 습득하기 위해 요구되는 기본적인 기능이나 지식을 직접 다루어야 한다. 예전에 나는 고등학교에서 말하기 수업을 가르칠 때, 학기가 시작할 즈음이면 항상 학생들에게 2~3분 정도의 즉흥 연설을 하도록 했다. 이때 특히 주목해서 본 것은 자세라든가 시선 처리, 내용의 조직, 서론, 결론, 그리고 '음~' '그~'와 같이 불필요한 언어의 사용 등과 같이 아주 기본적인 것들이었다. 이러한 것들은 학생들이 수준 높은 대중 연설(public speech)을 하는 데 필요한 능력을 배우기 이전에 기본적으로 갖추고 있어야 할 점들이기 때문이다. 이러한 방식의 사전 검사는 수업이 지향해야 할 방향을 설정하는 데 도움을 주었고, 학생들이 대중 앞에서 연설하는 상황에서 일반적으로 나타나는 가장 심각한 단점에 초점을 두어 수업 방향을 설정하게 되었다.

3) 어떤 내용을 얼마나 가르칠지 결정하기 위한 평가의 활용

초임 교사 시절 10학년 지리 과목을 가르친 적이 있다. 다행히 좋은 지리 교과서를 참고할 수 있었고, 10학년 학생들보다는 읽기 능력이 나았던 덕에 가까스로 한 학기를 마무리할 수 있었다. 지금도 기억나는 단원 중 하나는 지도 투영법과 도법에 관한 단원으로, 메르카토르 도법이나 정적 도법과 같은 내용을

3주간 다루도록 구성된 단원이었다. 10학년 지리를 매년 가르치면서 나는 그 단원을 가르칠 때마다 정확히 3주 만에 진도를 마무리했다. 애초에 교육과정에 명시된 내용을 모두 학생들의 머릿속에 집어넣는 데 꼬박 3주가 걸릴 거라고 예상했었기 때문에, 나는 그 단원을 가르치는 데 소요되는 시간을 바꿀 생각을 전혀 하지 않았다. 초보 교사들이 흔히 저지르는 실수다.

내가 놓친 부분은 그 단원을 얼마 동안 가르쳐야 할지 파악하기 위해 지도 투영법이나 도법에 관한 학생들의 이해 정도를 3주 동안 틈틈이 평가했어야 했다는 점이다. 나는 3주의 단원 학습이 모두 끝난 다음에서야 30문항짜리 시험을 학생들에게 보도록 했다. 이 시험을 15개로 쪼개서 한두 문항 정도의 짧은 퀴즈 형태로 구성한 다음, 2주쯤 지난 시점에서 학생들에게 무작위로 나누어 주고 풀어 보도록 했다면, 2~3분 정도 소요되는 짧은 퀴즈로 학생들의 상태를 그때그때 파악할 수 있었을 것이다.

이와 같이, 전체 시험 문항을 몇 개의 하위 문항군으로 구분한 다음 학생들마다 다른 문항군을 실시하는 방법을 문항 표집법(item sampling)이라고 한다. 이 방법은 교사가 학급 전체의 이해 상태에 대해 파악하고자 하는 상황에서 매우 효과적이다. 단, 문항 표집법은 학생들마다 서로 다른 문항을 보게 되기 때문에, 당연히 학생 개개인의 성취도를 파악해야 하는 상황에서는 적절한 방법이라고 볼 수 없다. 이처럼 몇 개의 문항을 표집하여 교수학습 과정 중에 실시한 검사 결과를 전반적으로 검토해 보았다면, 단원이 시작된 지 2주밖에 지나지 않은 시점이지만 학생들이 지도 작성법에 관해 충분히 배웠는지 확인할 수 있었을 것이다. 지금 와서 생각해 보면, 나는 메르카토르 도법과 정적 도법에 대해 필요 이상으로 많은 시간을 할애했던 것 같다.

특정 단원을 가르치기 위해 어느 정도 시간을 할애해야 하는지를 결정하기 위해, 여러분도 이와 유사한 접근 방식을 취할 수 있을 것이다. 문항을 표집해서 실시하든, 아니면 비교적 짧은 검사를 모든 학생에게 동일하게 실시하든 간에, 교수학습 도중에 실시되는 평가를 통해 그 주제를 계속해서 다루어야 할지 아니면 다음 주제로 넘어갈 수 있을지 판단할 수 있을 것이다.

이처럼 교수학습상의 시사점을 제공하는 형태의 평가는 형성평가(formative assessment)라는 이름으로 불리기도 하며, 학년별로 배워야 할 내용이 굉장히 많은 현대의 교실에서 매우 유용하게 사용될 수 있는 도구다. 학생들이 학습 내용을 쉽게 습득한 단원에서 절약한 시간은 학생들이 의외로 어려움을 느끼는 단원을 학습하는 데 사용될 수 있다. 즉, 교수학습 진행 도중에 실시된 평가에 기반을 두어 융통성 있게 수업을 구성함으로써, 학생들이 기본 개념을 응용할 수 있도록 흥미로운 활동을 실시하거나 다른 주제를 더 깊이 있게 학습하도록 할 수 있다.

4) 교수적 효과를 판단하기 위한 평가의 활용

교사가 얼마나 잘 가르쳤는가의 문제는 최근 강조되고 있는 교육 책무성 정책이 교사들을 강력한 감독 체제하에 처하도록 하는 교육계의 흐름에 따라 점차 중대한 이슈가 되고 있다. 교사들이 가르치는 일을 견실하게 해내고 있다는 증거를 요구하는 사람들은 교육의 효과성을 증명하기 위한 뚜렷한 증거를 찾고자 한다.

이는 매우 중요하고도 복합적인 성격을 가지는 문제이기 때문에, 이를 논의하는 데에 이 책의 후반부에서 세 개의 장을 할애하였다. 제9장에서는 교사의 교수 효과성을 평가하는 것이 가지는 함의에 관해 논의하였고, 제10장과 제11장에서는 실제로 어떻게 하면 이를 적절히 수행할 수 있는지에 대해 논의하였다. 교사로서 자신의 교수 활동이 얼마나 효과적이었는지를 스스로 아는 것은 매우 중요하기 때문에, 평가와 관련된 몇 가지 중요한 사항에 관해 먼저 언급하고자 한다.

근래에 교사들의 교수 역량은 매년 학생들에게 실시되는 성취도 평가 결과라는 단일한 정보에 기초하여 결정되는 경우가 많다. 예를 들어, 미국의 4학년 학생들은 주에서 실시하는 표준화 검사를 매년 5월에 치러야 하며, 올해 4학년 학생들의 평가 결과는 작년 4학년 학생들에 대한 평가 결과와 비교된다. 만일 올해 학생들의 성적이 작년보다 상승하였다면, 올해 4학년을 담당한 교사는 수업을 잘했다고 볼 수 있으며, 반대로 올해 학생들의 성적이 작년보다 하락하였다면 그 교사는 수업을 잘하지 못했다고 평가받게 된다.

그러나 이러한 방식의 교사 평가 모형은 다음의 몇 가지 측면에서 볼 때 전혀 바람직하지 않다. 이 책의 제9장에서 상세하게 다루겠지만, 이러한 교사 평가 모형은 우선 잘못된 측정 도구(규준참조해석 성취도 검사)를 바탕으로 하고 있다는 단점을 가진다. 이와 더불어, 이처럼 연도별 비교에 기반을 둔 평가는 더욱 명백한 단점을 가지고 있다. 매해 실시되는 검사가 서로 다른 집단의 학생들을 대상으로 하고 있기 때문에, 그 해에 시험을 본 학생들이 어떠한 특성을 가지고 있는가에 따라 평가 결과가 달라진다는 점이다. 만약 어떤 교사의 학급에 작년에는 특별히 똑똑한 학생들이 많이 들어온 반면 올해는 비교적 평범한 학생들로 구성되어 있다면, 이 교사가 가진 능력과 관계없이 올해가 작년에 비해 성적이 하락했다는 평가를 받게 될 것이다.

[그림 1-2]에 제시된 사전-사후 검사 비교 모형은 교사들이 자신의 교수 능력을 점검하는 데 사용할 수 있는 가장 기본적인 방법이라고 할 수 있다. 사전 검사는 학기 초와 같이 교수학습이 진행되기 전에 학생들의 상태를 파악하기 위한 평가이며, 사후 검사는 학기 말과 같이 교수학습이 완료된 시점에 같은 학생들의 상태를 다시 평가하는 형태로 실시된다.

[그림 1-2]에서 볼 수 있듯이, 이 평가 모형의 핵심은 학생들의 성취에 있다. 한 교사의 전반적인 교수 능력은 다양한 평가 요소에 근거하여 판단되어야 하지만, 그중에서 가장 중요한 요소를 꼽으라면 단연 그 교사가 가르친 학생이

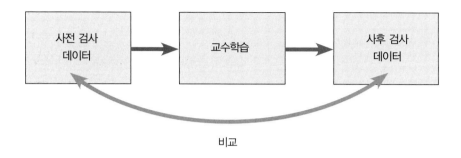

비교

[그림 1-2] 교수학습의 효과를 판단하기 위한 모형

배워야 할 내용을 얼마나 잘 배웠는지를 평가하는 것일 것이다. 여기서 간략히 소개한 사전-사후 검사에 기반을 둔 접근 방식과 제11장에서 다룰 좀 더 정교화된 방식의 평가 모형은 교사들이 진행한 교수 활동의 효과를 <u>스스로</u> 판단하는 데 충분히 도움이 될 것이다.

이 장에서 우리는 평가 자체, 그리고 평가에서 학생들이 얻은 결과를 바탕으로 교수학습 상황에서 교사가 좀 더 나은 결정을 하는 데 도움이 될 수 있는 네 가지 방법에 관해 논의하였다. 다음 장부터는 교사들이 좀 더 명확한 근거를 가지고 교수적 의사결정을 내릴 수 있도록, 교사가 학급 내에서 평가를 사용하는 다양한 방식에 관해 상세히 다루고자 한다.

수업중심 평가를 위한 팁

- 교육 분야의 각종 평가에 대한 학생들의 응답은 겉으로 드러나지 않는 학생들의 상태에 관한 추론을 가능하게 한다는 점을 기억한다.
- 모호하게 진술된 교육과정의 목표 진술문을 명확히 이해하고 이에 대한 예시를 제공하기 위해 평가를 활용한다.

- 학기 초에 새로운 학생들이 들어오면 학생들의 출발점 행동을 파악하기 위해 사전 검사를 실시하고, 새 단원이 시작되어 새로운 기능과 지식이 소개되는 상황에서도 사전 검사를 통해 학생들의 상태를 확인한다.
- 특정 주제에 관해 어느 정도의 교수학습이 이루어져야 하는지 결정하기 위해 평가를 활용한다.
- 수업의 효과성에 대해 교사 스스로 점검하기 위해 다양한 평가로부터 산출된 데이터를 활용한다.

 추천 참고문헌

Falk, B. (2000). *The heart of the matter: Using standards and assessment to learn.* Westport, CT: Heinemann.

Popham, W. J. (Program Consultant). (1996). *Improving instruction through classroom assessment* [Videotape]. Los Angeles: IOX Assessment Associates.

Popham, W. J. (2001). *The truth about testing: An educator's call to action.* Alexandria, VA: Association for Supervision and Curriculum Development.

Popham, W. J. (Program Consultant). (2002). *Educational tests: Misunderstood measuring sticks* [Videotape]. Los Angeles: IOX Assessment Associates.

Ramirez, A. (1999, November). Assessment-driven reform: The emperor still has no clothes. *Phi Delta Kappan, 81*(3), 204-208.

Shepard, L. A. (2000, October). The role of assessment in a learning culture. *Educational Researcher, 29*(7), 4-14.

Sirotnik, K. A., & Kimball, K. (1999, November). Standards for standards-based accountability systems. *Phi Delta Kappan, 81*(3), 209-214.

Stiggins, R. J. (Program Consultant). (1996). *Creating sound classroom assess-*

ments [Videotape]. Portland, OR: Assessment Training Institute.

Stiggins, R. J. (2001). *Student-involved classroom assessment* (4th ed.). Upper Saddle River, NJ: Prentice Hall.

Wiggins, G., Stiggins, R. J., Moses, M., & LeMahieu, P. (Program Consultants). (1991). *Redesigning assessment: Introduction* [Videotape]. Alexandria, VA: Association for Supervision and Curriculum Development.

교육과정 명료화를 위한
평가의 역할과 기능

학생들이 수업을 통해 무엇을 성취하기를 원하는지 정확히 알고 있는 교사들은 성취에 대한 기대가 모호한 교사들에 비해 더 성공적인 수업을 하게 될 가능성이 높다. 이 장에서는 교육평가가 교사들로 하여금 수업이 지향해야 할 방향에 대해 명확한 개념을 가지도록 하는 데 어떠한 도움을 줄 수 있는지 보다 상세하게 논의하고자 한다.

이 책에서 나는 교육과정(curriculum)과 교수(instruction)라는 용어를 전통적인 방식으로 정의하고 있다. '교육과정'이란 교사가 학생들과 함께 성취하기를 바라는 성과를 의미한다. 이 중 가장 보편적인 세 가지 성과는 학생들의 인지적 기능(예: 세 자리수의 곱셈을 수행하는 능력), 지식의 습득(예: 광합성에서 엽록소의 역할을 이해), 정의적 특성(예: 태도, 흥미, 가치 등)이라고 할 수 있다. 이 책에서 '교수'라는 용어는 학생들이 교육과정에서 의도된 성과에 도달하도록 돕기 위해 교사들이 수행하는 제반 활동을 의미한다. [그림 2-1]에서 볼 수 있듯이, 교육과정과 교수는 각각 교육의 목적(ends)과 수단(means)으로서 이해될 수 있다.

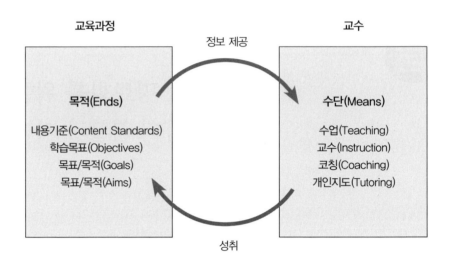

[그림 2-1] 교육과정과 교수의 관계

　　학생들이 어떤 교육목표를 성취하기를 원하는지에 관해서는 교사들이 자율적으로 결정을 내리기도 하지만, 교육청이나 교육부와 같은 관계 당국이 교육목표를 규정하는 경우가 대부분이다. 그러나 이러한 경우에도 특정한 교육목표에 도달하기 위해 필요한 교수적인 활동이나 수단을 고안하는 것은 전적으로 교사의 몫이다. 예를 들어, 주에서 정한 교육과정의 목표 중 하나로 에세이 작성 기술을 가르치고자 하는 영어 교사가 있다고 하자. 이 교사는 학생들이 에세이를 작성하는 데 도움을 주기 위하여, 상세한 가이드가 함께 제시된 작문 활동지나 자유로운 형식의 작문 과제 등 다양한 활동으로 4주간의 수업을 구성할 수 있을 것이다. 구체적인 교수 전략으로서, 모범적인 에세이 작성의 체계적인 모델을 학생들이 참고할 수 있도록 하거나, 친구들이 작성한 초안을 서로 평가하도록 할 수도 있을 것이며, 지역 신문사의 논설위원을 초청하여 학생들에게 동기를 부여하기 위한 행사를 마련하는 것도 가능할 것이다. 이러한 활동은 종합적으로 교사의 교수 활동을 구성하게 되며, 이는 특정한 교육과정 목표를 달성하는 데 필요한 수단에 관해 그 교사가 내린 최선의 판단이 반영된 것이라고 볼 수 있다.

앞서 언급한 바와 같이, 교육과정의 목표에 대해 분명히 알고 있는 교사는 교육과정이 실제로 무엇을 의미하고 있는지에 관해 모호한 수준으로 이해하고 있는 교사보다 더 성공적인 교수방법을 활용할 가능성이 높다. 그리고 교육과정 목표를 분명히 하는 데 결정적인 역할을 할 수 있는 것이 바로 교육평가다. 평가는 교육과정상에 명시된 목표, 즉 내용기준이나 교육목적, 목표, 의도된 성과 등이 학생들로부터 무엇을 원하는지에 관해 보다 깊이 이해할 수 있도록 한다. 여러분은 학생들에 대한 평가 결과뿐만 아니라, 검사를 설계하거나 설계된 검사를 분석하는 작업에서도 중요한 정보를 얻을 수 있다는 점에 대해 의아해할지도 모른다. 그러나 타당하게 개발된 검사라면 검사가 실제로 실시되기 이전에 이러한 역할을 담당해야 한다.

1. 교육목표의 명료화를 통한 세 가지 이점

그렇다면, 평가를 통해 교육과정 목표를 명료화하는 데서 얻을 수 있는 실질적인 교수적 이점은 무엇인가? 이는 다음의 세 가지로 요약할 수 있다.

• **정확한 과업 분석** 교사가 최종 목적지에 대해 잘 알고 있다면, 학생들이 이미 알고 있어야 하는 지식이나 기능, 그리고 수업을 통해 가르쳐야 하는 지식이나 기능을 더 정확히 구별해 낼 수 있다. 학생들이 가지고 있어야 할 기초적인 기능이나 지식을 교사들이 더 구체적으로 명시할수록, 교사가 수업에서 이러한 지식과 기능을 효과적으로 다룰 가능성은 커진다.

• **명확한 설명**   어떤 내용에 대해 100퍼센트 이해하지 못한 상태에서 누군가에게 그 내용을 설명해야 하는 상황을 경험한 적이 있는가? 나는 이러한 경험을 한 적이 있으며, 그때마다 내 설명이 두루뭉술하다는 것을 마음속으로 느끼고 있었다. 평가를 통해 교육과정에 제시된 내용기준이 무엇을 의미하는지 명료화하면 학생들에게 보다 분명하고 정확한 설명을 할 수 있을 것이다.

• **적절한 실습 활동**   학생들에게 실습 과제를 제공하는 것은 가이드가 함께 제시되는 형태이든 학생이 자유롭게 작성하는 형태이든 간에 굉장히 중요하며, 교사가 높은 수준의 교육적 성과를 추구하는 경우에는 더욱더 그러하다. 내 교직 경험에서 수업이 제대로 진행되지 않은 경우는 대부분 내가 학생들에게 충분한 실습 활동, 즉 과제집중 시간(time-on-task)을 주지 않았기 때문이었다. 내 경험과 여러 가지 실증적인 연구 결과를 바탕으로 볼 때, 수업 시간에 과제집중 시간 및 즉각적인 피드백을 제공하는 것은 우수한 수업을 결정짓는 주요 요소라는 점을 알 수 있다. 교사가 교육목표에 관해 정확히 이해하지 못하여 적절한 실습 활동을 제공하지 못한다면 학생들은 제대로 배우지 못할 가능성이 크다. 교사가 교육목표에 대한 예시로서 평가를 활용한다면, 그 목표를 더 명확히 이해할 것이고, 결과적으로 꼭 필요한 실습 활동을 수업에 통합할 수 있게 될 것이다.

정리하자면, 평가를 통해 교육과정 목표가 실제로 무엇을 의미하는지에 관해 명료화하는 교사들은 더 효과적인 교수 수단을 구안함으로써 학생들이 궁극적으로 도달해야 할 교육과정상의 목표를 달성할 수 있도록 도울 수 있을 것이다. 이로부터 얻게 되는 세 가지 이점, 즉 보다 정확한 과업 분석, 명확한 설명, 적절한 실습 활동 등은 모두 교수학습에서 효과적인 장치로 작용한다.

2. 교육과정 목표를 명료화하기 위한 평가의 역할

교육평가는 보이지 않는 학생의 내면적 상태에 관해 교사가 추론할 수 있도록 학생들로부터 가시적인 증거를 확보하기 위해 사용된다. 합리적인 추론을 하는 데 뒷받침이 될 수 있는 데이터를 수집하는 것은 교육평가의 본질이라고 할 수 있다.

그러나 학교 현장에서는 교사들이 직면하게 되는 많은 교육과정 목표가 매우 포괄적으로 진술된 내용기준(content standards)의 형태로 제공되기 때문에 교육과정 목표가 실제로 무엇을 의미하는지를 정확히 이해하는 것이 매우 어렵다. 대부분의 내용기준은 너무 일반적으로 진술되어 있다. 주나 교육청에서 승인된 교육과정 내용기준을 읽어 보면, 교육과정 목표가 정확히 무엇을 추구하는지 알기 어려운 진술을 종종 접하게 된다. 필자가 그동안 접한 교육과정 목표 중 가장 모호하게 진술되었던 것은 국어과 교육과정의 다음과 같은 목표다. "학생들은 문학작품을 풍미하는 법을 배운다." 이 목표를 구안한 사람은 분명 학생들이 이 단원을 학습한 후 무엇을 성취하기를 원하는지에 관한 생각이 있었을 것이다. 그러나 대부분의 교사는 이처럼 모호하게 진술된 교육과정 목표가 의도하는 바에 대해 명확히 이해하지 못할 것이다. 수학 교과의 경우는 사정이 좀 나은 편이다. 그러나 이러한 점은 모든 교과에서 중요하게 고려되어야 할 부분이다.

교육과정 목표가 과도하게 일반적으로 진술되어 있다는 문제를 해결하기 위해서 교육자들은 실험 심리학자들이 사용하는 전략으로부터 시사점을 얻을 필요가 있다. 심리학에서는 동기나 불안, 행복 등과 같이 한마디로 정의가 어려운 인간의 내면적 속성을 주로 다루고 있기 때문에 이와 같은 잠재적인 변인을 명료화하기 위한 전략이 연구되어 왔다. 예를 들어, 고집 성향(perseveration tendency)이라는 잠재 변인을 측정하기 위해 한 심리학자가 적용한 전략을 살펴보자. 이 잠재 변인을 명료화하는 데에 이 심리학자는 먼저 외면적으로 관찰 가능한 행동에 관해 기술하였다. 즉, 고집 성향을 '어떤 사람이 문제를 해결하거나 과제를 수행하고자 시도하는 상황에서 비생산적으로 어떤 행동을 지속하는 성향'이라는 외면적 행동으로서 먼저 정의하였다. 그런 다음, 이 행동의 기저에 있는 잠재 구인(construct, 구성 개념)인 고집 성향을 가장 잘 대표할 수 있는 구체적인 작업을 선택하였다. 예를 들어, 레버를 누를 때마다 동전이 하나씩 나오는 상황에서 이전에는 누를 때마다 나오던 동전이 어느 순간 나오지 않게 된 후 동전 누르는 행동을 몇 번이나 지속하는지가 고집 성향을 대표하는 한 가지 예가 될 수 있을 것이다. 이 심리학자에 따르면, 기계가 고장 난 것을 알면서도 계속해서 레버를 누르는 횟수가 그 사람의 고집 성향을 대표한다. 즉, 횟수가 커질수록 고집 성향이 강한 사람이라고 해석할 수 있다.

이 예에서 심리학자는 정량화가 가능한 결과를 도출할 수 있도록 상황이나 조건을 설정하여, 결과적으로 연구하고자 하는 변인에 대한 대리물(proxy)로 기능하도록 함으로써 잠재 변인의 의미를 조작화(operationalization)하였다. 교사가 학생의 맞춤법 실력(잠재 변인)을 파악하기 위해 25개 문항으로 이루어진 단어 검사(관찰 가능한 조작)에서 학생이 얻는 점수를 사용하는 것도 이와 동일한 조작적 정의 작업이라고 할 수 있다.

대부분의 교육과정 목표는 상당히 일반적으로 진술되어 있기 때문에, 같은 목표라도 교사에 따라 서로 다른 조작적 정의를 내릴 수 있다. 한 예로, 학생의 읽기 이해력과 관련된 국어과 교육과정 목표의 습득 여부를 평가하기 위해 학생들이 주어진 문단을 읽고 글쓴이의 중심 생각을 파악할 수 있는지를 평가하고자 하는 교사가 있다고 하자. 이 교사는 학생들에게 주제가 비교적 뚜렷하게 제시되어 있는 몇 개의 문단을 읽도록 하고, 다음과 같은 것들을 수행하도록 함으로써 모호하게 진술된 기능을 조작적으로 정의할 수 있을 것이다.

- 문단의 중심 생각을 정확하게 진술한다.
- 네 가지 선택지를 가진 4지 선다형 문항에서 주어진 문단의 중심 생각을 가장 잘 나타낸 진술문을 선택한다.
- 문단의 중심 생각을 자신이 이해한 대로 말로 설명한다.

이와 같은 방법은 학생이 글의 중심 생각을 파악해 낼 수 있는지를 조작화한 것으로, 각기 주제를 파악하는 데 필요한 주요 인지적 과업, 즉 문단에 명시적으로 제시되거나 행간에 숨겨진 중심 메시지를 찾는 작업과 관련되어 있다. 이 목표를 비롯하여 교육과정에 제시된 여러 가지 목표가 평가를 통해 어떻게 조작적으로 구현되는지를 생각하는 과정에서 교사는 다음과 같은 점을 기억해야 한다. 교사가 평가를 통해 조작화한 방식은 교육과정 목표의 형태로 제시된 지식이나 기능, 또는 정의적 특성과 같은 잠재적 특성을 조작화하는 여러 가지 방식 중 하나의 예일 뿐이라는 점이다. 같은 교육과정 목표라 하더라도 이처럼 서로 조금씩 다른 방식으로 조작화되기 때문에, 이에 근거한 교사들의 교수 계획에서도 다소 차이가 있을 수 있다.

3. 평가의 다양성과 교수학습의 다양성

학생들의 교육목표 달성 정도를 어떻게 평가하느냐에 따라 교사가 취할 수 있는 교수적 접근 방식이 달라질 수 있다. 이 점에 대한 이해를 돕기 위해, "학생이 문단에 나타난 중심 생각을 이해하는 능력을 증진시킨다."라고 진술된 국어과 교육목표를 예로 들어 보자. 앞 절에서 제시한 예에서 살펴보았듯이, 이처럼 느슨하게 진술된 교육목표를 조작화하는 데에는 여러 가지 방법이 있을 수 있다. 4학년 대상으로 개발된 주 단위 성취도 검사에서 이 교육목표가 요구하는 기능을 평가하기 위한 한 가지 방법으로, 학생들에게 문단의 중심 생각을 가장 잘 진술한 선택지를 4지 선다형 문항에서 고르도록 하는 방식을 사용할 수 있다. 앞에서 제시한 교육목표를 이러한 방식으로 조작화할 경우 어떠한 교수 방법을 적용해야 학생들이 목표를 성취하는 데 도움이 될까?

우선 교사는 이와 같은 선다형 문항을 푸는 데 필요한 지적 기능을 학생들이 잘 다룰 수 있도록 수업 시간에 충분히 연습할 수 있는 시간을 확보하고자 할 것이다. 교사는 선다형의 선택지 중에서 중심 생각에 '가장 가까운' 선택지와 '비교적 거리가 먼' 선택지를 학생들이 분명히 구분할 수 있도록 도와주어야 할 것이다. 학생들에게 문단을 읽도록 한 다음 각 선택지에 제시된 진술문 중 어떤 것이 다른 진술문보다 글의 중심 생각을 더 잘 반영하며 그 이유는 무엇인지에 관해 탐색해 보도록 할 수도 있다. 또한 글의 중심 생각을 나타내는 데 다양한 방법이 존재할 수 있다는 점을 학생들에게 이해시키기를 원하는 교사도 있을 것이다. 학생들은 주어진 글의 중심 생각을 진술한 각 선택지의 장점을 상대적으로 비교함으로써 자신이 글의 중심 생각에 대해 어느 정도 이해했는지를 더 쉽게 표현할 수 있을 것이다.

반면, 이와 같은 방식으로 실시되는 성취도 검사가 4학년들에게 충분한 도전이 되지 않는다고 생각하는 교사가 있다고 가정해 보자. 이 교사는 4학년 정도면 몇 개의 문단으로 구성된 글이 주어졌을 때 각 문단에 담긴 중심 생각을 자기 스스로 발견해 갈 수 있어야 한다고 생각한다. 또한 모든 문단마다 중심 생각이 있는 것은 아니라는 사실도 알려 주기를 원한다.

주에서는 효율성을 이유로 이 교육목표를 선다형으로 평가하도록 하고 있지만, 이 교사는 자신이 선호하는 교수 방식에 적합한 다른 형태로 교육목표를 조작화하고자 한다. 이 교사는 학생들에게 문단을 읽고 나서 그 글의 중심 생각을 잘 반영할 수 있는 문장을 써 보도록 하였다. 그리고 중심 생각을 파악하는 기능을 평가할 수 있는 시험을 자체적으로 제작하여 학기 중이나 기말에 실시하기로 하였다. 이 시험은 학생들에게 여러 개의 문단으로 구성된 글을 제시하고 글을 전체적으로 읽도록 한 다음, 이 중 몇 개의 문단을 선정하여 그 문단의 중심 생각을 가장 잘 나타낼 수 있도록 정련된 문장을 작성하도록 하는 시험이다. 만일 선택된 문단에 중심 생각이 없는 경우에는 그냥 중심 생각이 없다고 적으면 된다.

이처럼 교육목표가 다양한 형태로 조작화됨에 따라 어떠한 교수 활동이 필요한지 생각해 보자. 예를 들어, 교사는 4학년 학생들이 각 문단을 분석하여 어떤 문단에 중심 생각이 포함되어 있는지 찾도록 한 다음, 중심 생각이 포함된 문단에 대해서는 글의 핵심이 되는 문장과 이를 뒷받침하는 근거를 분리함으로써 중심 생각을 자신의 말로 함축적으로 표현할 수 있도록 안내하고 충분한 연습 기회를 제공해야 할 것이다. 교사가 교수 활동을 구성하기 위한 지침으로서 주에서 실시하는 선다형 문항만을 염두에 두고 있었다면, 이와 같은 접근 방법을 생각해 보지 않았을 것이고 학생들이 해당 교육목표를 달성하는 데 이러한 활동이 필요하다고 생각하지도 않았을 것이다.

이 예를 통해 우리가 얻을 수 있는 시사점은 동일한 교육목표라 하더라도 어떻게 조작화되는가에 따라 교사가 취할 수 있는 교수적 접근은 달라질 수 있다는 점이다. 다른 예로, 〈표 2-1〉을 살펴보자. 여기에는 7학년 수학과 교육과정 목표와 이 목표의 달성을 평가하기 위한 두 가지 접근, 그리고 각각의 접근법으로부터 진행할 수 있는 교수학습 활동 사례를 비교하여 제시하고 있다. 물론 표에 제시된 두 가지 평가 전략은 상당히 단순화된 것이지만, 교사의 수업 전략이 평가 전략과 직접적으로 연계되어야 한다는 점을 보여 주고 있다.

〈표 2-1〉 하나의 교육목표, 두 가지 평가 전략, 그리고 각 전략의 교수적 함의

- 7학년 수학과 교육목표: 학생들은 수리적인 데이터를 기술하는 데 중심 경향을 가장 적합하게 나타낼 수 있는 지표(평균, 중앙값, 최빈값)를 적용할 수 있다.

평가 전략 1

수리적 데이터의 중심 경향을 글이나 말로써 설명해야 하는 가상적 상황이 현실과 비슷한 맥락에서 제공되면, 학생들은 평균, 중앙값, 최빈값 중 무엇이 그 데이터의 중심 경향을 가장 잘 나타내는지에 관해 한 단어로 답한다.

- 교수적 함의: 학생들은 먼저 특정한 수리적 데이터를 기술하는 데 중심 경향을 측정하는 각 지표 중 어느 것이 더 적합한지 학습한다. 그런 다음 학생들은 현실에서 접할 수 있을 만한 상황을 읽거나 듣고, 이러한 데이터를 기술하기에 가장 적합한 지표의 이름을 답하도록 하는 다양한 예제를 푼다.

평가 전략 2

학생들은 중심 경향을 나타내는 다음의 각 지표(평균, 중앙값, 최빈값)에 관해 간략한 설명을 적고, 각 지표가 가장 적합하게 사용되는 '현실적인' 상황의 예를 직접 생각해서 제시한다.

- 교수적 함의: 이 평가 전략은 학생들에게 평균, 중앙값, 최빈값의 정의를 암기한 다음 자신이 이해한 대로 풀어서 설명하도록 하고 있으므로, 학생들이 이해하여 기억할 수 있도록 정확한 정의를 제공해야 한다. 또한 학생들은 중심 경향의 각 측정치에 대해 적절한 실제 사례를 제시해야 하기 때문에, 자신만의 사례를 직접 제안하는 연습을 하도록 하며, 각 사례의 정확성에 대해 교사와 동료 학생들의 평가를 받도록 할 수도 있다.

4. 일반화 가능한 교육목표의 추구

이 글을 읽으면서 여러분은 평가를 통해 교육목표를 구체적으로 정의하는 것이 가져올 수 있는 함정에 관해 이미 눈치챘을지 모르겠다. 교사는 학생들이 평가받게 될 교육목표를 습득하는 것에만 초점을 두어 수업을 하게 될 가능

성이 있으며, 이와 같이 좁은 시각에서 교육하는 것은 사실 학생들에게 심각한 피해를 줄 수 있다.

검사는 앞서 예로 든 중심 생각 파악 능력과 같은 변인에 대한 학생의 잠재적인 상태를 추론하기 위해 사용할 수 있는 다양한 접근법 중 하나에 불과하다는 점을 기억하자. 교육목표를 조작화하기 위해 선택된 특정한 평가 방식은 자연히 교수 설계에 시사점을 제공한다. 일반적으로, 학생들이 두 개 이상의 선택지 중 하나를 고르도록 하는 선택형 문항(selected-response item)으로 이루어진 검사는 학생이 직접 응답을 작성해야 하는 구성형 문항(constructed-response item)으로 이루어진 검사와 비교할 때 상당히 다른 교수적 접근을 요한다. 어떤 교사가 주 단위 성취도 검사에서 사용하는 선택형 검사와 교사가 자체적으로 제작한 구성형 검사를 모두 사용하여 중심 생각 파악과 관련된 교육목표의 습득 여부를 평가하고자 한다면, 이 교사는 두 가지 서로 다른 교수적 접근을 모두 취할 필요가 있다.

어떤 교육목표가 주어졌을 때 교사로서 가장 먼저 해야 할 일은 그 교육목표의 습득 여부를 측정하기 위해 사용할 수 있는 어떤 검사를 통해 학생들에게 어떤 종류의 인지적 요구(cognitive demand)가 필요한지 알아내는 것이다. 여기서 인지적 요구란 특정 유형의 평가에 포함된 과제를 성공적으로 다루기 위해 학생들이 적용해야 하는 지적 활동을 의미한다. 이때 교사가 스스로에게 던져야 하는 가장 중요한 질문은 '이 교육목표를 확실히 습득하기 위해서 학생들의 머릿속에서 어떤 일이 일어나야 하는가?' 하는 것이다.

만일 주어진 내용기준을 측정하는 데 사용할 수 있는 여러 종류의 검사를 고려한 후에 이 질문을 하게 된다면, 각 검사마다 서로 다른 인지적 요구를 학생에게 부과하고 있다는 점을 알게 될 것이다. 우리는 글의 중심 생각을 파악하는 능력을 측정하는 데 주에서 제시한 평가와 다른 방식으로 평가한 4학년 교사의 사례에서 이러한 점을 이미 살펴본 바 있다. 평가 방식이 달라지면 교수 활동도 달라지는 것이다.

교사는 학생들이 습득한 중요한 인지 기능이 다른 맥락에서 일반화할 수 있도록 가르쳐야 한다. 일반화가 가능한 기능을 습득한 학생은 그 기능을 학교 안팎의 다양한 상황에 적용할 수 있다. 다양한 종류의 평가 방식을 적용하는 것은 실제로 큰 도움이 된다. 학생의 인지 기능 습득 여부를 평가하기 위해, 학생에게 답변을 직접 쓰도록 하거나 제시된 선택지 중 하나를 고르도록 하는 등 다양한 방식을 시도해 보자. 구성형 문항 중 일부는 지필의 형태로, 일부는 구술의 형태로 실시해 보자. 학생들이 교육목표를 일반화 가능한 방식으로 습득했는지 정확히 알아낼 수 있도록, 평가를 실시할 때 일종의 '믹스-매치'식의 접근을 적용해 보자. 더 다양한 평가 기술을 적용할수록 학생들에게 부과되는 인지적 요구의 본질에 대해 더 강한 추론을 할 수 있을 것이다. 이에 따라, 교사가 설계하는 수업은 다양한 설명, 다양한 모형화, 그리고 다양한 종류의 연습 문제를 포함하도록 해야 한다.

앞서 제시한 '중심 생각 파악' 사례에서 제안된 세 가지 방법을 다시 살펴보자. 만일 필자가 이 단원을 가르치고 있었다면, 중심 생각을 파악하는 데 반드시 필요한 인지적 요구를 더 잘 다루기 위해서 세 가지 평가 전략을 먼저 고려했을 것이다. 그런 다음, 그와 같은 세 가지 평가에 기반을 둔 교수적 접근을 수업에 통합했을 것이고, 학생들에게 중심 생각을 포함하는 문단으로부터 글쓴이의 중심 생각을 이끌어 낼 수 있는 다양한 방식을 제시하도록 할 것이다. 이러한 방식으로 일반화된 기능 습득이 가능한 것이다.

물론, 다양한 평가 전략을 생각해 내기 어려운 경우도 있다. 예를 들어, 만일 학생들에게 X라는 장소에서 Y라는 장소로 이동하는 법을 친구에게 알려 주기 위한 에세이를 작성하도록 한다면, 이러한 기능을 조작화하는 데 가장 주요한 평가 방식은 에세이와 같은 지필 형태의 평가일 것이다. 선다형이나 연결형, 진위형과 같은 선택형 문항은 학생들에게 요구되는 기능의 본질을 더 잘 이해하도록 돕는 목적으로나, 학생들이 해당 주제에 대한 에세이를 더 잘 쓸 수 있도록 하는 연습의 도구로서나 별로 적합하지 않다.

　　그러나 대부분의 경우, 교사들은 교육과정 내용기준 각각에 대한 학생의 습득 여부를 측정하기 위해 다양한 방법을 생각해 낼 수 있을 것이다. 다양한 평가 전략을 통해 교사는 각 내용기준이 진정으로 추구하는 바가 무엇인지를 더 잘 이해할 수 있을 뿐만 아니라, 학생들이 교육목표를 일반화할 수 있는 방식으로 습득하도록 하는 가장 최선의 교수 방법에 관한 단서도 발견할 수 있을 것이다.

5. 검사 자체가 아닌, 검사에 반영된 교육목표를 위한 수업

　　앞서 살펴보았듯이, 교육 장면에서 사용되는 다양한 검사는 학생들의 지식, 기능, 정의적 특성에 관한 내적인 상태를 추론하기 위해 관찰 가능한 수행 결과를 사용하는 방법에 대한 예시를 제공함으로써 교육과정의 성과를 명확히 하는 데 사용될 수 있다. 그러므로 검사는 교수적 맥락에서 추구하는 다양한 변인에 대한 표상(representation)으로서 기능한다고 할 수 있다.

　　다시 한번 강조하자면, 검사란 단지 표상에 불과하다. 즉, 교사는 수업의 초점을 검사 자체에 맞추기보다 검사가 재고자 하는 지식과 기능, 정의적 특성에 맞추어야 한다. 이 점은 매우 중요하기 때문에, 다음 주제로 넘어가기 전에 한번 더 강조하고자 한다. 교육계에서는 평가에 대해서 잘 알지 못하는 사람들이 오히려 검사에 과도하게 많은 중요성을 부여하는 경우가 종종 있다. 이런 사람들은 보이지 않는 교육 관련 변인을 정확히 파악하기 위한 수단으로 검사를 생각하지 않고, 검사 자체를 그것이 재고자 하는 특성과 동일시한다. 이들은 검사를 자신의 교수적 노력이 추구해야 할 진정한 지향점이라고 생각한다. 교수

학습의 지향점이 검사라는 생각은 그 자체로 잘못된 것이지만, 불행히도 주 단위로 실시되는 많은 고부담 검사에 의해 이러한 생각은 점차 강화되어 왔다. 이처럼 검사 점수를 중시하는 경향은 교육계에 지나치게 만연되어 있어서, 많은 교사들과 교육 행정가들은 검사 점수를 높이는 것이 교육의 목표라는 잘못된 믿음에 빠지게 된다.

교육자들은 검사가 오류 가능성을 안고 있는 도구라는 점을 분명히 인식해야 하며, 따라서 교육에서 중요한 변인에 관한 학생의 현재 상태를 결정하는 데 도움이 되도록 하는 것이 이러한 도구를 바르게 사용하는 유일한 방법이라는 점을 알아야 한다. 이 점을 명확히 인식하게 되면, 교사들은 검사 자체가 아니라 검사가 반영하고자 하는 구인에 초점을 두어 자신의 교수를 설계하고자 할 것이다. 교사가 다양한 유형의 검사를 접하게 되면, 이러한 작업을 하고 싶은 마음이 생기게 될 것이다.

 수업중심 평가를 위한 팁

- 학생들이 교육목표를 달성했는지를 측정하기 위한 평가 도구를 분석함으로써 교육목표의 본질을 명확히 한다.
- 학생들의 교육목표 달성 여부를 측정하기 위해 활용할 수 있는 다양한 평가 방식을 고려함으로써 교육목표에 대해 자신이 어떻게 이해하고 있는지를 분명히 한다.
- 교육목표의 달성 정도를 측정하는 데 다양한 평가적 접근 방식을 적용함으로써 중요한 교육목표를 학생들이 충분히 습득할 수 있도록 한다.
- 검사 자체가 아니라, 검사가 표상하는 지식이나 기능에 초점을 두어 가르친다.

추천 참고문헌

Anderson, L. W., & Krathwohl, D. R. (Eds.). (2001). *A taxonomy for learning, teaching, and assessing: A revision of Bloom's taxonomy of educational objectives*. New York: Longman.

Jacobs, H. H. (Program Consultant). (1991). *Curriculum mapping: Charting the course for content* [Videotape]. Alexandria, VA: Association for Supervision and Curriculum Development.

Kendall, J. S., & Marzano, R. J. (2000). *Content knowledge: A compendium of standards and benchmarks for K-12 education* (3rd ed.). Alexandria, VA: Association for Supervision and Curriculum Development; and Aurora, CO: McREL.

Ohanian, S. (1999). *One size fits few: The folly of educational standards*. Portsmouth, NH: Heinemann.

Popham, W. J. (Program Consultant). (2000). *Test preparation: The wrong way/right way* [Videotape]. Los Angeles: IOX Assessment Associates.

효과적인 학습을 위한
평가 목표의 선택

교사는 늘 학생들의 머릿속에서 어떤 일이 일어나고 있는지 알고 싶어 한다. 좀 더 형식적으로 표현하자면, 교사는 학생들의 지식과 기능, 정의적 특성이 어떤 상태인지에 관해 추론하기를 원한다. 그런데 이러한 추론이 가능하기 위해서는 교육과정과 평가가 유기적이고 통합적인 관계 속에서 이루어져야 한다. 평가는 진공 상태에서 발생하지 않는다. 좀 더 구체적으로 말해서, 교육과정 없이는 평가를 생각할 수 없다. 교사는 교육과정에 제시된 인지적 · 정의적 목표에서 학생들이 어떤 상태에 있는지 정확히 파악하기 위해 평가를 실시한다. 즉, 교사는 대부분 '교육과정 내에서' 평가한다.

오늘날 대부분의 교사는 근본적으로 해결하기 어려운 난제, 즉 '위로부터' 부과된 수많은 교육목표를 어떻게 해야 만족스럽게 평가할 수 있는가 하는 문제에 봉착하고 있다. 인구에 회자되는 말 중에 "암퇘지의 귀로 비단 지갑을 만들 수는 없다."라는 말이 있다. 물론 이 격언의 요지는 원재료가 형편없으면 그것으로 훌륭한 물건을 만드는 것이 불가능하다는 것이다. 교사들은 교육과정 문서에 제시된 많은 교육목표를 모두 가르쳐야 한다고 생각하고, 많은 교사가 실제로 이를 실행하려고 노력한다. 하지만 이는 잘못된 판단인 경우가 많다.

　평가와 교육과정은 서로 독립적으로 기능할 수 있는 영역이 아니다. 교사는 학생들이 배워야 할 내용을 평가하고, 교육과정에 포함되어 있는 내용에 따라 어떠한 형태의 평가를 실시할지 결정한다. 하지만 상당수의 교육자들은 교육과정과 무관하게 평가가 실시될 수 있다고 생각한다. 그러나 주에서 실시하는 평가는 그 주의 교육과정을 면밀히 검토하여 개발되어야 한다. 마찬가지로 교실에서 이루어지는 평가 역시 교사가 교육과정의 주안점에 관해 관심 있게 연구하지 않고는 제대로 실행되기 어렵다. 따라서 만일 교사들이 다루고 있는 교육과정이 마치 '암퇘지의 귀'와 같다면, 교사들이 이를 이용하여 '비단 지갑'과 같은 평가를 만들 수 있을 리 만무하다. 만일 교사들이 가르쳐야 할 교육과정이라는 처방전 안에 너무 많은 약이 들어 있는 상황이라면, 교사는 어떤 약이 무슨 기능을 하는지 확실히 알아야 한다. 이 장에서 필자는 우선 이러한 문제의 원인을 찾고, 교사들이 교실 내에서 이를 어떻게 풀어 나가야 할지에 관해 조언하고자 한다.

1. 기준기반 교육개혁

　반세기 전, 미국 내 거의 대부분의 주에서는 각 주에서 공식적으로 승인한 교육과정을 관할 학교들에게 제공하기 시작했다. '주 교육과정 요목'이라고도 불리던 이 공인된 교육과정은 그 주의 교사들이 가르쳐야 할 지식과 기능을 교과별, 학년별로 명시한 문서였다. 그러나 솔직히 말해서 당시 이 문서에 관심을 가지는 교육자들은 거의 없었다. 주 교육과정 요목은 교사들의 책상 서랍 안에 조용히 처박혀서 거의 아무도 열어 보지 않는 문서가 되고 말았다.

　1990년대에 많은 교육 정책가는 공교육을 개혁하기 위한 새로운 전략으로서 기준기반 개혁(standards-based reform)의 장점에 관해 피력하기 시작했다. 이 정책이 적용되는 방식은 다음과 같다. 첫째, 각 주에서 선발된 경력 교사들과 교육과정 전문가들이 모여 주요 교과에 대해 각 학년 또는 학년 군별로 학생들이 필수적으로 학습해야 할 내용기준을 결정한다. 이 작업을 통해 정해진 대부분의 내용기준은 과거의 교육과정 요목과 거의 다름이 없다. 그런 다음, 이와 같은 내용기준에 대한 학생들의 숙달 여부를 평가하기 위해서 주 단위 검사를 새로 개발하거나 기존에 개발되어 있는 표준화 검사 중 하나를 선택한다. 마지막으로, 학생들의 성취 결과는 가상 성취도가 높거나 낮은 학교 또는 교사를 선별하는 데 사용된다. 성취도가 높은 학교는 승자로, 낮은 학교는 패자로 간주된다.

기준기반 교육개혁은 다음과 같은 확고한 명제를 바탕으로 한다. 주에서 정한 평가 대상 학생들에게 매년 표준화 검사를 실시하게 되면, 교사들은 학생들이 검사에서 좋은 성적을 얻도록 노력할 것이고, 결과적으로 학생들이 교육과정 내용기준을 효과적으로 습득하게 될 것이라는 명제다. 물론, 성적이 높다는 것은 학생들이 주에서 정한 높은 수준의 교육과정 내용기준을 잘 숙달했음을 의미한다.

그러나 대부분의 주에서 교육계 인사들이 기준기반 개혁을 단행한 방식에 몇 가지 치명적인 단점이 드러났다. 첫 번째 단점은 주에서 승인한 교육과정 내용기준과 주에서 선택한 표준화 검사 간의 연계성이 대개의 경우 매우 약하다는 점이다. 예산상의 한계로 인해 그 주의 교육과정에 특화된 맞춤형 검사를 개발하지 않고 이미 개발되어 상용화된 표준화 검사를 선택하여 사용하는 주가 많았기 때문이다. 전체 검사 문항 중 한두 개만이 그 주의 교육과정을 반영하고 있음에도 불구하고 그 검사를 선택하는 경우도 있었다. 심한 경우, 상용화된 검사를 구성하는 문항 중 교육과정에서 명시한 내용기준이 하나도 포함되어 있지 않은 사례도 있었다.

　　그러나 맞춤형으로 제작된 주 단위 표준화 검사라 하더라도 특정한 내용기준에 대한 학생들의 숙달 여부를 판단하는 데 충분한 증거를 제공할 수 있을 만큼의 문항 수를 확보하고 있는 경우는 드물었다. 이는 심각한 문제다. 학생이 어떤 내용기준을 숙달했고, 어떤 기준을 숙달하지 못했는지에 관해 교사와 학생, 학부모가 알 수 없다면, 기준기반 교육개혁이 단지 허울 좋은 수사학에 지나지 않을 것이기 때문이다. 학생들이 어떤 내용기준을 성공적으로 학습했는지에 대해 알 수 없다면, 교사는 자신의 교수 활동 중 어떤 부분이 효과적이고 어떤 부분이 효과적이지 않았는지 구별할 수 없을 것이다. 이와 더불어 오늘날 대부분의 기준기반 개혁에서 이 문제 못지않게 심각한 문제는 전반적인 개혁 전략의 초석이 되는 교육과정 내용기준 자체에 있다.

　　일반적으로 주의 교육과정 내용기준을 작성하는 사람들은 해당 교과 영역에서 전문성을 가지고 있다고 인정받아 선발된 20~30명의 교육 전문가다. 예를 들어, 어떤 주의 교육과정 위원회는 4학년부터 8학년 학생들이 반드시 습득해야 할 과학 교과의 지식과 기능을 결정하기 위해 선발된 25명의 과학교육 전문가들로 구성되어 있다.

　　전문가들은 자신의 전공 분야에 대해 매우 큰 애정을 가지고 있는 사람들이다. 이 점은 대부분의 주에서 교육과정 내용기준을 정하는 방식에서 강점이자 약점으로 작용해 왔다. 교과 전문가들에게 자신의 전공 분야에서 학생들이 반드시 알아야 할 내용을 선택하라고 하면, 대부분의 경우 '모두'라고 답한다. 내용기준을 선정하는 작업에 참여하는 사람들은 자신의 전공 분야에 대해 각별한 애정을 가지고 있기 때문에, 각 학년별로 학업을 성실히 수행한 학생들이라면 자기 전공 분야에서 요구되는 지식과 기능을 모두 갖추기를 바라는 경향이 있다.

　　이처럼 내용 전문가들이 교육과정에 포함하기를 바라는 목록을 중심으로 교육과정을 구성하게 되는 현상으로 인해, 대부분의 주에서 승인한 내용기준의 수는 엄청나게 많은 실정이다. 내용기준의 수가 너무 많기 때문에, 정해진 수업 시간 내에 이를 모두 다루기는 거의 불가능하다. 또한 주에서 해마다 실시하는 표준화 검사 역시 과목별로 50~60개 문항 정도이기 때문에 이 목록을 모두 평가하기는 상당히 어렵다. 대부분의 경우, 주에서 승인한 내용기준 중 극히 일부만 평가가 가능하다.

이와 같이, 학교에서 다루어야 할 교육과정 내용기준의 수가 굉장히 많은 경우, 교육과정에 제시된 내용기준을 모두 평가하는 것은 거의 불가능하다. 따라서 교사들은 불합리한 선택을 해야 하는 상황에 지면히게 된다. 뒤새 수신 승인 교육개혁 전략은 고위층의 상당한 정책적 지원을 이끌어 냈다. 정치인들은 대개 '기준을 상향시키기 위해' 배후에서 힘을 실어 주는 역할을 하곤 한다. 더욱이 상당수의 국민은 학생들이 '어려운' 내용기준을 습득하도록 장려하는 책무성(accountability) 정책을 적극 지지한다. 그러나 현실적으로 책무성 전략은 제대로 기능하지 못하는 경우가 많다. 내용기준은 너무 많아서 다 가르칠 수도 없고, 평가할 수도 없다. 학생들의 교육과정 내용기준 습득 여부를 평가하는 데 핵심적인 역할을 하고 있는 고부담 검사는 사실 이와 같은 기준을 측정할 수 없을 뿐 아니라, 교사들이 합리적인 교수적 결정을 하는 데 도움이 되지도 않는다.

2. 비현실적인 교육과정 요구에 대한 대처

교사들은 주에서 승인한 많은 수의 내용기준을 학생들이 습득하도록 독려해야 하는 상황에 있지만, 정작 학생별로 각 내용기준을 성취했는지의 여부에 관해서는 아무런 정보도 주지 않는 경우가 많다. 이와 같은 상황은 교수학습의 관점에서 합리적인 상황이라고 보기 어렵다. 이러한 기대가 비현실적임에도 불구하고, 현실 속에서는 엄연히 일어나고 있다. 그리고 이러한 기대를 충족하지 못하는 교사들은 부정적인 결과에 직면하게 된다. 그렇다면 교사들은 이러한 상황에 어떻게 대응해야 하는가?

이러한 상황에서 필자는 교사가 사용할 수 있는 여러 가지 대안 가운데, 학생들에게 가장 도움이 될 수 있는 한 가지 대응 전략을 선택하도록 조언하고자 한다. 앞서 언급한 비단 지갑의 예처럼, 너무나 산만하고 과도하게 제시되어 있는 내용기준에 대응하기 위해 많은 교사가 주에서 규정한 모든 내용기준을 수업에서 다루고 있다. 그러나 이는 전혀 현명한 선택이 아니다. 말 그대로 모든 내용을 얄팍하게 다루기 때문에, 학생들의 입장에서는 깊이 있게 이해하기 어렵다. 특히 교사가 오늘 가르친 내용을 학생들이 소화할 겨를도 없이 다음 내용으로 진도를 나가는 상황에서는 더욱더 그렇다.

제한된 수업 시간 동안 교사들이 가르치고 평가해야 할 분량이 너무 많다는 점을 정책 입안자들은 심각하게 인식해야 한다. 교육과정에 대한 진지한 고민을 바탕으로 수많은 내용기준 중 무엇이 중요한지에 대한 정보가 부가적으로 제시된다면 교사들에게 큰 도움이 될 것이다. 그렇게 되면, 교사들은 교육과정에 제시된 내용기준 중 가장 필수적으로 교육해야 할 것이 무엇인지를 판단할 수 있게 된다. 더욱이, 이처럼 중요성이 부과된 내용기준 가운데에서도 가장 핵심적으로 가르쳐야 할 내용기준이 적정한 수준에서 정해지면, 내용기준에 대해 학생들의 성취 결과를 파악할 수 있는 표준화 검사를 제작할 수 있게 될 것이다. 그리고 이에 근거하여 내용기준별 숙달 여부에 대한 정보가 학생들에게 명확히 제시되면 궁극적으로 교사들이 자신의 수업 방식을 정교화하거나 향상시킬 수 있게 될 것이다.

그러나 대부분의 주에서 적용하고 있는 교육개혁은 이와 같은 방식으로 이루어지지 않는다. 따라서 이처럼 열악한 상황에서 교사들이 택할 수 있는 최선의 방법은 스스로 우선순위를 부여하는 것이다. 교사 개별적으로 또는 동료 교사들과의 협업을 통하여 자신이 담당하는 내용기준을 전반적으로 검토한 다음, 어떤 내용기준을 가르칠 것인지에 대해 우선순위를 부여하자.

교육과정 내용기준에 대해 우선순위를 부여하는 작업은 다음과 같이 진행할 수 있다. 첫째, 자신이 가르치는 교과에서 주나 교육청이 제공한 내용기준 목록을 하나하나 검토한 후, 각 내용기준을 다음의 세 단계로 평가한다.

- 필수: 학생들이 해당 내용기준을 숙달하는 것이 절대적으로 필요함
- 중요: 학생들이 해당 내용기준을 숙달하는 것이 매우 중요함
- 보통: 가능하면 학생들이 해당 내용기준을 숙달하는 것이 좋음

모든 내용기준에 대해 세 단계의 평가를 마친 다음, '필수'라고 평가한 내용기준 중에서도 가장 우선적으로 다루어야 할 것부터 중요도에 따라 순위를 부여한다. 이를 바탕으로, 주어진 시간 동안 자신이 가장 중요하다고 판단한 내용기준을 가능한 한 많이 가르칠 수 있도록 수업을 설계한다. 교사로서 학생들에게 가능한 한 많은 내용을 가르치고자 하는 것은 당연하기 때문에, '중요'나 '보통'으로 평가한 내용기준에도 어느 정도 시간을 할애하고자 할 수 있다. 그러나 '중요'나 '보통'으로 평가한 내용기준에 '필수' 내용기준에 투자하는 정도의 노력을 기울일 필요는 없다. 중요한 것은 학생들이 습득해야 할 지식과 기능 중에서 자신의 전문적 식견에서 볼 때 가장 중요하다고 판단되는 것들을 가르치는 것이다.

평가는 어떠한가? 현재 교육과정에 제시된 수많은 내용기준을 모두 평가하는 것이 불가능하다는 점은 이미 언급한 바 있고, 특히 내용기준별 숙달 여부를 파악하고자 하는 상황에서는 더욱더 그렇다. 하지만 평가해야 할 내용기준의 수를 줄여서 필수적인 내용기준에만 초점을 두어 평가하는 것은 가능하다.

앞서 제2장에서는 모호하게 진술된 내용기준을 구체화하기 위해 평가를 어

떻게 사용할 수 있는지에 관해 언급한 바 있다. 그와 같은 연장선상에서, 교사는 자신이 우선순위를 부여한 내용기준 각각에 대해 가장 적합한 평가 방식을 생각해야 한다. 교사가 선택한 평가는 측정하고자 하는 내용기준을 '조작화'하여 명료성을 증가시킬 것이므로, 대부분의 경우 교사가 더 효과적인 교수적 결정을 할 수 있도록 한다. 더욱이, 진단평가와 같이 학생들의 선수 학습 정도나 수준을 파악하기 위해 사전 평가를 실시한다면, 학생들에게 가장 적합한 교수 활동을 선택하는 데 훨씬 더 많은 도움이 될 수 있다. 물론 교수학습이 종료되는 시점에는 총합평가와 같이 교사가 선택한 '필수' 내용기준에서 학생들이 어느 정도 습득했는지 파악하는 평가를 실시할 수도 있다. 또한 교수학습 도중에 다소 비공식적인 형태의 평가로서 형성평가를 수시로 실시하는 것도 가능하다. 어떤 내용기준을 학생들이 예상보다 빨리 습득했다는 점을 형성평가를 통해 알게 된다면, 교사는 학생들이 어려워하는 다른 중요한 내용에 더 많은 노력을 집중할 수 있게 될 것이다.

3. 모든 것을 평가할 수 있다는 신화적 믿음에 대한 반론

실제 학교 현장에서는 교육과정에서 명시된 모든 목표를 학생들이 달성했는지 평가하는 것이 사실상 불가능하다. '모든 것을 평가할 수 있다.'라는 믿음은 신화적 믿음에 불과하다. 더욱이, 장황한 교육과정 내용기준을 어떠한 방식으로든 정확히 평가할 수 있다는 주장은 '모든 것을 가르칠 수 있다.'라는 신화적 믿음을 만든다. 끝없이 나열된 교육과정의 내용기준을 교사가 가르쳐서 학생들이 숙달할 수 있다고 생각하는 것은 모든 내용기준의 숙달 여부를 평가할 수 있다고 생각하는 것만큼이나 어리석은 것이다.

우선순위를 부여하는 것은 이와 같은 교수적 딜레마에서 빠져나올 수 있는 합리적인 방법이다. 사실 나는 이것이 유일한 방법이라고 생각한다. 교사는 심혈을 기울여 가르쳐야 할 내용을 선별하기 위해 교육과정 내용기준에 우선순위를 부여해야 하고, 높은 순위가 부여된 내용기준을 중심으로 공식적이고 체계적인 평가를 실시해야 한다. 시간이 허락한다면, 우선순위가 낮은 다른 내용기준을 가르치는 데 시간을 할애해도 좋다. 또한 우선순위가 낮은 내용기준을 학생들이 습득했는지 평가하는 데 반드시 형식적이고 체계적인 방식으로 평가할 필요는 없다.

혹자는 교육과정에 우선순위를 부여하는 것이 교육과정에 명시된 목표를 덜 가르치도록 함으로써 교수 활동을 제한하는 것으로 받아들여, 필자의 의견에 반론을 제기할지도 모르겠다. 이러한 비판에 대해서, 나는 교육과정에서 추구하는 목표와 실제로 학교에서 가르치는 목표 사이에 엄청나게 큰 격차가 존재한다고 답하고 싶다. 사실 교사들이 별생각 없이 수많은 교육과정 목표를 학생들에게 가르치기 시작한다면, 교육과정에서 추구하는 목표에는 거의 도달하기 어렵다고 본다. 교사들이 더 많은 내용을 가르치고자 할수록 학생들이 하나의 개념을 심층적으로 이해하거나 복잡한 기능을 익힐 수 있는 가능성은 낮아진다. 본래 교육과정에 '심화' 내용기준이 포함된 이유는 학생들이 어떤 개념을 심도 있게 이해하고 복잡한 기능을 자유자재로 다룰 수 있도록 하고자 하는 것이며, 이것은 궁극적으로 모든 사람이 원하는 바라고 할 수 있다.

나는 교사들과 행정가들이 실제 학교에서 한정된 수업 시간 중에 학생들이 성취할 수 있는 것이 어느 정도인지에 관해 솔직해질 필요가 있다고 생각한다. 실제 교실 상황을 들여다보면 교사에게 공식적으로 주어진 교육목표에 선택과 집중이 필요하다는 점을 확실히 느끼게 될 것이다. 만약 학교 현장에서 교사들이 '모든 교육목표를 다루어야 하는' 부담이 심각하다면, 전체 내용기준을 매우 신속히 다루되 자신이 진정으로 중요하다고 여기는 교육목표를 가르치고 평가하는 데 집중할 수 있을 것이다.

    내가 우선순위 전략을 제안하게 된 것은 과도하게 많은 교육과정 내용기준
의 목록을 중심으로 진지한 고민 없이 세워진 교육개혁 전략에 대한 반론으로
서 생겨난 것이다. 하지만 이 전략은 교사들이 자신의 교수를 효과적으로 조직
하고 교수학습의 결과를 효과적으로 평가하기 위한 방법을 찾고자 할 때 가장
잘 기능할 수 있다는 점을 인식해야 한다. 국가나 주에서 공식적으로 교사에게
부여한 내용기준이 없는 상황이라 해도, 교사는 자신의 교수 과정에서 무엇을
강조해야 할지, 그리고 평가의 관점에서 무엇을 강조해야 할지에 관해 결정할
수 있어야 한다. 가르쳐야 할 것도 많고, 평가할 것도 많다. 교사들이 주어진 시
간 동안 학생들에게 가르쳐야 할 가장 중요한 것이 무엇인지 선별하기 위해 노
력한다면, 교사들은 학생들을 더 잘 가르칠 수 있을 것이며, 특히 우선순위가
높은 교육목표를 잘 가르치고 평가하게 될 것이다. 우선순위 전략은 교수와 평
가에서 '적은 것이 좋은 것이다.'라는 접근에 명백히 기초하고 있으며, 나는 이
전략이 매우 효과적이라고 믿는다.

4. 기준기반 교육개혁과 관련된 용어의 혼란

    여기서 잠시 논의의 초점을 전환하고자 한다. 이 장에서 필자는 오늘날 교사
들이 교수와 평가에서 겪고 있는 문제의 원인이 될 수 있는 교육과정의 문제점
을 짚어 보았다. 내가 강조하고 싶은 것은 교육과정에 너무 많은 것을 포함하
고자 하면 교육적으로 의미 있는 평가를 하는 것이 거의 불가능하다는 점이다.
교사들이 평가와 관련한 문제로 고민하고 있을 때, 그 고민은 대체로 교육과정
에서 고려해야 할 사항과 관련된 경우가 많다.
    여기서 교사들이 흔히 접하는 교육과정 관련 용어를 잠시 언급하고자 한다.
교사들이 이 용어에 대해 혼동하게 되면, 교육과정이나 평가의 맥락에서 최선

의 결정을 내리기 어려울 것이다.

제2장에서 우리는 이미 목적, 목표, 기대(expectancy), 벤치마크, 학습 성과 등 교육과정 목표를 표현하는 다양한 용어가 존재함을 보았다. 최근 가장 보편적으로 사용되는 용어는 내용기준(content standards)이다. 아동낙오방지법(No Child Left Behind Act)에서 교육목표는 '학습 내용기준'으로 표현되어 있다. 교사들이 교육과정에 명시된 교육목표 외에 자신이 가치 있다고 여기는 내용기준을 추가로 가르치는 경우도 가끔 있지만, 대부분의 교사는 주나 교육청 차원에서 규정한 내용기준을 중심으로 가르친다.

한편 교사들에게 혼동을 줄 가능성이 있는 용어로서 수행기준(performance standards)[1]이라는 것이 있다. 수행기준이란 학생들이 특정 내용기준을 습득했을 때 나타낼 것으로 기대되는 능력의 수준이라고 할 수 있다. 예를 들어, 논리적으로 일관된 글을 쓰도록 하는 것이 주요 목표인 내용기준이 있다고 할 때, 학생이 작성한 글이 어느 정도 수준으로 잘 작성되어야 하는지에 대해 기술한 것이 바로 그 내용기준에 대한 수행기준이다. 즉, 어떤 내용기준이 "생물학 용어 50개의 정의를 안다."와 같이 지식의 숙달을 목표로 하고 있다고 가정해 보자. 이때 수행기준은 이 내용기준을 '숙달'했다고 판단하기 위해서 학생들이 50개의 단어 중 몇 개의 정의를 알고 있어야 하는지를 기술한 것이다. 35개가 될 수도 있고, 40개나 45개가 될 수도 있다.

수행기준이 같이 제시되지 않은 내용기준은 결말이 없는 연극과도 같다고 할 수 있다. 학생들의 내용기준 습득 여부를 어떻게 평가할지 알기 전에는, 그리고 평가에서 수행기준이 어떻게 설정될지 알기 전에는 내용기준이 의미하는 바를 정확히 알기 어렵다. 굉장히 고차원적인 내용기준이라 해도 수행기준이

---

1) 역자 주: 우리나라의 국가수준 교육과정 문서에서는 미국의 '수행기준'에 해당하는 내용을 '성취수준' 으로 지칭함.

너무 낮게 설정되면 시시한 내용기준으로 변모할 수 있으며, 단순한 내용기준이라 해도 매우 엄격한 수행기준을 적용하게 된다면 도전적인 내용기준이 될 수 있다. 예를 들어, 미국 50개 주의 주도를 아는 것이 초등학교 교육과정에서 설정된 내용기준이라고 하자. 또한 이 내용기준의 숙달 여부를 판단하기 위한 수행기준을 50개의 주도를 100퍼센트 암기하는 것으로 설정했다고 하자. 이 과제 자체는 비교적 단순한 교육목표를 다루고 있다고 하더라도, 결과적으로는 초등학생들에게 매우 어려운 내용기준으로 작용하게 될 것이다.

미국에서는 연방 정부의 후원하에 주기적으로 실시되는 국가수준 성취도 평가인 NAEP(National Assessment of Educational Progress)의 범주에 맞추어 교육과정의 수행기준을 만드는 경향이 늘고 있다. 학생들이 NAEP에서 성취한 결과는 이 시험에 참가한 주들 사이에 비교되기 때문에, 어떤 주의 학업 성취도가 높은지 또는 낮은지에 대한 정보를 알 수 있다. 승자와 패자를 구별하기 좋아하는 미국인들의 성향을 고려할 때, NAEP 평가 결과가 신문의 스포츠 섹션에 보도되지 않은 것이 놀라울 따름이다. 어쨌든, 1990년 이래로 NAEP 평가 결과는 우수, 보통, 기초, 기초 미달의 네 범주로 보고되고 있다. 50개 주별로 실시하는 표준화 검사에서도 이와 같은 네 개의 범주를 사용하는 경우가 많다. 예를 들어, 65개의 선다형 문항으로 구성된 표준화 검사를 실시하였다면, 이 검사의 수행기준은 학생들이 65개 중 몇 개의 문항을 맞혀야 각 범주로 분류될지 결정해서 정해진다.

내가 강조하고 싶은 것은 수행기준이라는 것이 매우 유동적이어서 해당 기준에 대한 세세한 기술 내용을 들여다보기 전에는 '각' 수준이 무엇을 의미하는지 알 수 없다는 점이다. 예를 들어, NCLB 법에서는 각 주별로 실시하는 시험을 바탕으로 적어도 세 개의 수준(우수, 보통, 기초)으로 학업 성취를 구분하도록 하고 있고, 해마다 '보통' 수준 이상으로 분류되는 학생들의 비율이 증가했음을 증명해야 한다고 규정하고 있다. NCLB 법의 취지가 모든 학생들이 '우수'나 '보통' 수준에 도달하도록 하는 것이기 때문에, NCLB 법에서는 '저성취 학생들이 우수나 보통 수준에 도달하기 위한 진행 과정'으로 '기초' 수준을 정의하고 있다. 그러나 '보통' 수준은 주별로 자율적으로 정의할 수 있도록 되어 있다. NCLB 평가에서 '보통' 수준 이상을 받은 학생의 비율이 정해진 기준에 미치지 못한 학교에 대해서는 강력한 제재 조치가 들어가기 때문에, 일부 주에서는 '보통'에 대한 정의를 너무 관대하게 정의하기도 한다.

내용기준과 수행기준이라는 두 가지 기준은 서로 명백히 구별되는 목적을 가지고 있기 때문에, 수식어 없이 그냥 '기준'이라고 부르는 데서 오는 혼동을 피해야 한다. 나는 교사들이 단순히 '높은 기준'이나 '어려운 기준'이라고 부르지 않았으면 한다. 앞서 살펴보았듯이, 학생들이 가치 있는 내용을 학습하기를 우리가 진정으로 원한다면 높은 수준의 내용기준과 높은 수준의 수행기준이 제시되어야 하기 때문이다.

 수업중심 평가를 위한 팁

- 자신이 담당하는 과목에서 어떠한 내용기준이 요구되고 있는지 알아본다.
- 각 내용기준이 수행기준과 함께 제시되고 있는지 확인한다.
- 공식적으로 승인된 내용기준에 대해 우선순위를 부여한다.
- 우선순위가 높은 내용기준에 집중해서 체계적으로 평가한다.
- 우선순위가 높은 내용기준을 가르치는 데 주력한다.

추천 참고문헌

Falk, B. (2000). *The heart of the matter: Using standards and assessment to learn.* Westport, CT: Heinemann.

Jacobs, H. H. (Program Consultant). (1991). *Curriculum mapping: Charting the course for content* [Videotape]. Alexandria, VA: Association for Supervision and Curriculum Development.

Kohn, A. (1999). *The schools our children deserve: Moving beyond traditional classrooms and "tougher standards."* Port Chester, NY: National Professional Resources, Inc.

Kohn, A. (Program Consultant). (2000). *Beyond the standards movement: Defending quality education in an age of test scores* [Videotape]. Port Chester, NY: National Professional Resources, Inc.

Linn, R. L. (2000, March). Assessments and accountability. *Educational Researcher, 29*(2), 4-16.

타당도, 신뢰도, 평가 편파

평가와 관련된 주요 개념 가운데 교사가 교수학습 상황에서 내려야 하는 다양한 의사 결정과 무관한 것은 거의 없다. 이 점을 강조하기 위하여 이 장에서는 측정 분야에서 가장 중요한 세 가지 개념인 타당도, 신뢰도, 평가 편파에 관해 소개하고, 각 개념이 교사의 교수적 결정(instructional decision)과 어떠한 관련성을 가지는지를 논의하고자 한다.

앞서 말했듯이, 타당도와 신뢰도, 평가 편파는 측정 분야에서 가장 중요한 개념이라고 할 수 있다. 교사들이 모두 평가 전문가일 필요는 없지만 교육 전문가로서 가져야 할 기초적인 평가 소양은 반드시 갖추어야 한다. 이 장에서는 몇 가지 핵심 용어와 함께 교사로서 반드시 알아야 할 평가의 개념을 명확히 제시하고자 한다.

기초적인 평가 소양을 갖추는 데 타당도와 신뢰도, 평가 편파는 가장 기본적인 개념이며, 평가 결과에 대해 올바른 추론을 하기 위한 토대가 된다. 교사가 검사를 바탕으로 내린 추론이 완벽할 수는 없다. 그러나 교사가 타당도, 신뢰도, 평가 편파에 관한 기본적인 이해를 갖추고 있다면 학생의 상태에 관해 좀 더 정확한 추론을 할 가능성이 높아질 것이다. 검사에 기반을 둔 추론을 신뢰할 수 있게 된다면 학생들에 대해 더 깊은 통찰력을 가지게 될 것이고, 결과적으로 보다 합리적인 의사결정을 하게 될 것이다. 반면, 학교의 책무성이 강조되고 있는 현 시점에서 타당성이 결여된 추론을 하게 되면, 행정가나 학부모, 정치인들이 특정 학교나 교사가 기대 이하의 수행을 하고 있다는 식으로 잘못된 결론을 내리는 부작용이 발생할 수도 있다.

1. 타당도

측정과 관련된 개념의 정점에는 타당도의 개념이 존재한다. 사실 타당도는 교육 분야에서 검사에 관한 논의를 할 때 거의 빠지지 않는 개념이기도 하다. 그러나 이 절에서는 '타당한 검사'라는 개념이 존재하지 않는다는 점을 특히 강조하고자 한다.

1) 추론의 타당성

타당한 검사가 존재하지 않는다고 한 이유는 간단하다. 우리가 타당화하고자 하는 것은 검사 자체가 아니라 학생들의 수행 결과에 기반을 두어 내린 추론이기 때문이다. 검사 점수를 근거로 교사가 내린 추론은 타당한가, 타당하지 않은가? 타당도 분석은 항상 검사 자체가 아니라 검사를 통해 내린 추론에 중점을 두어야 한다. 여기서는 이와 같은 추론 절차가 어떻게 이루어지며, 교육자들이 자신이 내린 추론의 타당성을 어떻게 평가해야 하는지에 관해 살펴보고자 한다.

제1장에서 우리는 학생들의 맞춤법 실력이나 읽기 능력, 연산 수행 능력 등

과 같은 잠재 변인에 대한 가시적인 증거를 확보하기 위하여 교육자들이 어떻게 검사를 사용하는지에 관해 논의한 바 있다. 교사들이 얻게 되는 정보는 관찰된 검사 점수지만, 궁극적으로는 그 점수가 무엇을 의미하는지를 해석해야 한다. 만일 교사의 해석이 정확하다면, 우리는 교사가 검사 점수에 기반을 두어 타당한 추론을 내렸다고 할 수 있다. 만약 교사의 해석이 정확하지 않다면, 교사가 내린 추론은 타당하지 않은 것이다.

이 시점에서 독자들은 타당화의 대상이 검사 자체가 아니라 검사에 기반을 둔 추론이라는 점을 왜 이렇게 강조하고 있는지 의아하게 생각하실지 모르겠다. 만일 어떤 검사에 대해 타당하거나 타당하지 않다는 특성을 부여하는 것이 가능하다면, 검사의 정확성은 당연히 검사 자체에 있을 것이다. 이러한 논리라면, 한번 타당하다고 평가받은 검사는 어떤 목적으로 사용되든, 누구한테 실시되든 상관없이 항상 정확한 정보를 산출해야 할 것이다. 예를 들어, 에티오피아의 검사 개발자들이 아동용 과학 검사를 새로 만들었다고 해 보자. 그 검사는 에티오피아에서 에티오피아 사람들에 의해 개발된 것이기 때문에 검사 문항이나 지문이 모두 에티오피아 공용어인 암하라어(Amharic language)로 작성되었다. 이 검사가 에티오피아 아동들에게 실시되었다면, 이 검사에서 산출된 점수가 아동의 과학적 지식과 기능에 대한 타당한 추론 결과라고 볼 수 있다. 그러나 이 검사가 미국 캔자스 주의 한 학교에서 영어를 사용하는 아동들에게 실시되었다면, 이 검사에 근거하여 학생들의 과학 지식과 기능에 대해 내린 추론은 정확하다고 할 수 없다. 동일한 검사라 하더라도 특정 상황에서 특정 피험자들에게 실시되는 경우에는 정확한 해석 결과를 산출할 수 있지만, 다른 상황에서 다른 피험자들에게 실시될 경우 부정확한 해석 결과를 산출할 수 있다. 이때, 에티오피아에서는 정확하지만 캔자스에서는 정확하지 않다고 말할 수 있는 것은 검사에 기반을 둔 추론이지 검사 자체가 아니다.

피험자가 자신의 지식과 능력을 보여 주는 데 지장을 주는 요인이 존재하는 상황에서도 검사 결과에 대한 추론의 부정확성이 가져올 수 있는 위험은 동일하게 발생한다. 예를 들어, 엘살바도르에서 미국으로 갓 이민 온 열네 살짜리 영재 작가가 영어로는 자신의 생각을 표현할 수 없는 경우, 또는 뇌성마비로 인해 연필을 자유자재로 쓸 수 없어서 삼각함수의 사인 그래프를 제대로 그릴 수 없는 학생의 경우, 혹은 시험 시작 후 5분 만에 잠이 든 바람에 50개 문항 중 10개 문항밖에 풀지 못한 6학년 학생의 경우를 생각해 보자. 이와 같이 검사 외적인 요소가 점수에 기반을 둔 추론을 저해할 수 있는 상황에서는 아무리 최고의 질적 수준을 지닌 검사라 하더라도 그 학생의 능력이나 지식에 관해 잘못된 해석을 내릴 수밖에 없다. 교육 분야에서 사용되는 검사가 본래부터 타당하거나 타당하지 않은 속성을 가지고 있는 것이 아니기 때문에, 검사의 타당성은 학생들의 검사 수행으로부터 얻은 추론에 대한 인간의 판단 과정에 달려 있다고 할 수 있다. 그리고 인간의 판단은 늘 오류 가능성을 내포한다.

따라서 검사의 타당성을 전문적으로 다루는 측정 전문가들의 임무는 특정한 맥락에서 얻은 점수를 기반으로 내린 추론이 타당하다고 판단할 수 있는 증거를 수집하는 것이다. 국가수준에서 실시되는 검사와 같은 대규모 검사에서 전문가들이 원하는 것은 검사로부터 얻은 추론의 타당성을 지지할 수 있는 증거를 수집하는 것이다. 그리고 하나의 '타당화 연구'에서 검사에 기반을 둔 추론의 타당성에 관해 충분히 설득력 있는 증거를 찾을 수 있는 경우는 거의 드물다. 대부분의 경우, 검사에서 얻은 추론이 타당한지를 결정하기 위해서는 다양한 차원에서 타당화 증거를 수집할 것을 고려해야 한다.

2) 타당도 확보를 위한 세 가지 증거

측정 전문가들이 일반적으로 인정하는 타당도 증거에는 준거관련 타당도 증거(criterion-related validity evidence), 구인관련 타당도 증거(construct-related validity evidence), 내용관련 타당도 증거(content-related validity evidence)의 세 가지가 있다. 타당도 증거의 각 유형은 일종의 연구나 분석 작업을 통해 수집될 수 있으며, 어떤 검사가 타당한 추론을 지지할 수 있는 데이터를 산출하고 있다고 결론을 내리는 데 기여할 수 있다. 타당화 과정에서 실행되는 연구는 일반적으로 검사 제작자가 새로 개발된 검사를 시중에 내놓기 전에 연구비를 지원받아 이루어지는 경우가 많다. 다른 예로, 주 교육 당국이 검사를 선정하거나 새로운 검사를 위탁하여 개발하기 전 단계에서 타당화 연구를 필요로 할 경우도 있다. 이 절에서는 타당도 증거의 세 가지 유형에 대해 산략하게 살펴보고, 이 가운데 교사들이 주로 관심을 가져야 할 타당도 증거 유형에 주목하여 설명하고자 한다.

하지만 그 전에 교육 검사를 다룰 때 염두에 두어야 할 중요한 구분 중 하나인 성취도 검사(achievement test)와 적성 검사(aptitude test)의 차이에 주목해 보자. 성취도 검사는 어떤 학생이 특정 과목에서 현재 소유하고 있는 지식과 기능을 측정하기 위해 제작되는 검사다. 예를 들어, 메트로폴리탄 성취도 검사(Metropolitan Achievement Tests)를 구성하고 있는 하위 검사 중 사회 검사는 사회과에서 학생들이 가지고 있는 지식과 기능의 정도를 파악하기 위해 제작되었다. 학생들의 학습 정도를 파악하기 위해 교사가 제작한 검사 역시 성취도 검사의 다른 예다. 반면, 적성 검사는 미래 시점에서 학생의 성공, 특히 이후에 계속되는 학업에서의 성공을 예측하기 위해 제작되는 검사다. 이러한 유형의 검사에 대한 가장 좋은 예는 고등학생이 대학에 진학한 후 얼마나 성공적으로 학업을 수행할 수 있을지를 예측하기 위해 널리 사용되고 있는 ACT나 SAT 검사를 들 수 있다.

제9장에서 배우게 되겠지만, 어떤 경우에는 이처럼 서로 다른 목적을 가지고 개발되는 두 가지 유형의 검사가 사실상 거의 동일한 방식으로 기능하기도 한다. 그러나 성취도 검사와 적성 검사는 교사들이 구별해서 기억해야 할 중요

한 용어이며, 우리가 다루고자 하는 첫 번째 유형의 타당도 증거와 관련해서 특별히 주목해야 할 개념이기도 하다.

• **준거관련 타당도 증거** 준거관련 타당도 증거는 적성 검사가 본래 예측하고자 하는 바를 잘 예측하는지와 관련된 타당도 증거다. 예를 들어, 한 연구자가 자신이 개발한 적성 검사의 준거관련 타당도 증거를 수집하기 위해 타당화 연구를 기획하고 있다고 하자. 고등학생을 대상으로 적성 검사를 실시한 다음, 이 학생들이 졸업한 후 대학에 재학하는 동안 수행 과정을 추적함으로써 고등학교 시절에 적성 검사에 기반을 두어 그 학생의 적성에 대해 예측한 것이 정확하였는지를 확인하면 된다. SAT나 ACT와 같은 검사의 경우, 이 검사를 받은 학생들이 대학 진학 후 받은 학점이 대체로 이 시험에 대한 준거가 된다. 만일 검사 점수가 대학 학점과 강한 관계를 나타낸다면, 이는 대학 진학 후 학업적 성공 가능성을 예측하기 위해 SAT나 ACT 점수에 기반을 두고 내린 추론이 타당하다는 점을 지지할 수 있는 준거관련 증거가 된다.

그러나 교사들이 준거관련 타당도 증거를 수집하는 것은 쉽지 않으며, 타당화하고자 하는 검사가 적성 검사라면 더욱더 그러하다. 현실적으로 그 역할은 측정 전문가들에게 맡기는 것이 낫다. 내가 아는 교사들 중 적성 검사를 제작하고 싶어 하거나, 자신이 개발한 검사에 관한 준거관련 타당도 증거를 수집하고자 하는 사람은 거의 없다.

• **구인관련 타당도 증거** 측정 전문가들은 대부분 구인관련 증거가 타당도 증거 가운데 가장 포괄적인 유형이라고 생각한다. 어떤 의미에서는 다른 타당도 증거를 모두 포함하고 있다고도 볼 수 있기 때문이다. 구인관련 타당도 증거가 무엇을 의미하는지 설명하기 위해서는 이 증거가 어떻게 수집되는지에 관해 간략히 설명할 필요가 있다.

첫 번째 단계는 잠재 변인의 다른 이름인 가설적 구인(hypothetical construct)을 정의하는 단계다. 가설적 구인은 어떤 사람의 '우울 성향'과 같이 다소 생소한 개념일 수도 있고, 학생의 쓰기 역량과 같이 간단한 개념일 수도 있다. 다음으로, 1단계에서 설정한 가설적 구인의 본질에 대한 이해를 바탕으로 해당 구인을 측정하는 검사를 개발한다. 그리고 그 검사가 본래 측정하고자 한 구인을 실제로 측정하고 있는지를 결정하기 위한 연구를 설계한다. 이와 같은 목적으로 수행할 수 있는 연구는 매우 다양하지만, 그 검사가 개발자의 본래 예상대로 실제로 기능하는지에 관한 경험적 증거를 제공한다는 점에서 공통점을 가진다.

다음의 예를 보면 이 개념을 이해하는 데 도움이 될 것이다. 구인관련 타당화 연구 중 하나로 차별 집단(differential population) 연구라는 것이 있다. 연구자는 검사가 측정하고자 하는 구인을 소유하고 있는 정도에서 명확히 구분되는 두 집단을 정한다. 예를 들어, 대학생들의 수학 능력을 측정하고자 하는 새로운 검사를 개발하는 상황을 가정해 보자. 연구자는 수학 전공생 25명과 중학교 이후로 수학 과목을 거의 배우지 않은 타 전공생 25명을 선발한다. 50명의 학생들에게 이 검사를 실시한다면 당연히 두 집단 간에 점수 차이가 확연할 것이라고 예상할 수 있다. 이처럼 뚜렷이 구분되는 성격을 가진 두 집단에 실시한 검사 결과를 타당화 증거로 사용할 수 있다. 연구자의 예측이 경험적인 증거를 통해 확인되었다면, 새로 개발된 검사가 대학생들의 수학 능력을 실제로 잘 측정하는 도구라고 결론 내릴 수 있으며, 이것이 바로 구인관련 타당도 증거다.

구인관련 타당도 증거를 수집하기 위한 다른 접근법도 다양하게 존재하며, 그중에서는 교사들에게 아주 생소한 방법도 있다. 그러나 실질적으로 일상에 바쁜 교사들이 그와 같이 복잡한 연구를 수행할 시간은 없다. 하지만 타당도 증거를 수집하는 데 적용되는 모든 접근법이 관찰할 수 없는 변인의 존재와 관련된 것이기 때문에, 대부분의 측정 전문가는 각각의 타당화 연구를 구인관련 타당화 연구의 한 유형으로 여기는 것이 정확하다고 보고 있다.

• 내용관련 타당도 증거   세 번째 유형의 타당도 증거도 교사들이 수집하고자 원할 수 있는 증거다. 간단히 말해서, 이 증거는 그 검사가 측정하고자 하는 내용을 충분히 잘 반영하고 있는지 파악하고자 하는 데 사용된다. 그리고 내용관련 타당화 연구를 수행하는 데 적용되는 방법은 주로 전문가의 판단에 의존한다.

먼저 다음에 제시된 사례를 통해 교육청이나 학교 단위에서 개발되는 검사에 대한 내용관련 타당도 증거를 어떻게 수집하는지 살펴보자. 예를 들어, 한 고등학교에 재직 중인 영어 교사들이 영어 교육과정에 설정된 네 가지 내용기준을 학생들이 습득했는지 평가하기 위해 새로운 검사를 개발하는 상황을 생각해 보자. 네 가지 내용기준은 주에서 가장 중요한 내용기준이라고 승인받은 것이다. 교사들은 이 내용기준을 평가하는 데 각 내용기준당 8문항씩, 총 32문항을 개발하기로 결정하였다.

이 영어 교사들은 검사의 초안을 작성한 다음, 초안 검사의 내용관련 타당도 증거를 얻기 위한 작업을 시작하였다. 교사들은 먼저 타 학교에 재직 중인 영어 교사 6명과 대학에서 영어를 전공하거나 부전공한 학부모 6명으로 이루어진 12명의 검토위원회를 구성하였다. 검토위원회는 몇 시간 정도 회의를 통해 32개 문항의 타당성에 대해 개별적으로 판단을 내린다. 이때 판단의 기준은 각 문항이 본래 측정하고자 한 네 가지 내용기준을 잘 반영하고 있는가 하는 점을 중심으로 이루어진다. 예를 들어, 검토위원들은 내용기준을 검토한 다음 32개 문항 각각에 대해 다음과 같은 질문에 답하게 된다.

이 문항에 대한 학생들의 응답은 이 문항이 본래 측정하고자 했던 내용기준을 학생들이 습득했는지 파악하는 데 도움이 될 수 있다고 생각하는가?

(___ 예 ___ 아니요 ___ 잘 모르겠음)

검토위원들은 특정 내용기준을 측정하기 위해 개발된 8개 문항에 대해 평가를 마친 후 다음과 같은 판단을 내리게 된다.

> 한 내용기준을 측정하기 위해 개발된 8개 문항을 모두 고려해 볼 때, 교사
> 가 이 문항들에 대한 학생들의 응답을 바탕으로 학생들의 내용기준 습득 여
> 부를 얼마나 정확하게 판단할 수 있다고 생각하는가?
>
> (___ 매우 정확함 ___ 어느 정도 정확함 ___ 별로 정확하지 않음)

이와 같은 절차를 수행하는 데에는 상당한 노력이 필요한 것이 사실이다. 교육청이나 학교 수준에서 개발되는 검사에서는 이와 같은 절차를 수행하는 것이 크게 문제가 되지 않을 것이다. 하지만 개별 교사들이 학급에서 사용할 검사를 만드는 상황에서는 내용관련 타당도 증거를 어떻게 수집할 것인가? 우선 필자는 중간고사나 기말고사와 같이 매우 중요한 시험에만 이러한 절차를 수행하라고 제안하고자 한다. 내용관련 타당도 증거를 수집하는 데에는 많은 시간이 소요되며, 그 과정 자체가 많은 노력이 요구되는 작업이므로 현명하게 적용하자. 다음으로, 타당도를 판단하는 검토위원으로 동료 교사 한두 명을 포함하는 것이 좋다. 이때, 교사가 만든 검사가 본래 측정하고자 한 내용을 충분히 잘 나타내고 있는지를 중심으로 판단하는 것이 검토 작업의 핵심이다. 교사가 제작한 검사가 구인을 더 정확히 반영할수록 검사에 기반을 둔 추론의 타당성은 더 높아질 것이다.

물론 이상적으로는 교사들이 사용할 모든 검사에 대해 내용관련 타당도를 고려하는 것이 좋다. 이를 위해서는 교사들이 자신의 검사가 반영하고자 하는

교육과정 목표에 늘 주목하고 있어야 한다. 자신의 교과와 관련된 교육과정 목표를 항상 곁에 두고, 그 목표를 다루기 위한 구체적인 문항을 개발하는 것이 바람직하다. 교사들이 자신이 개발하고 있는 검사가 교육과정의 내용을 어느 정도 반영하고 있는지에 대해 심각하게 고민한다면, 그 검사의 점수에 기반을 둔 추론은 더욱 타당해질 것이다.

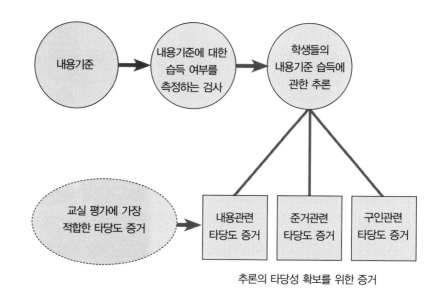

추론의 타당성 확보를 위한 증거

[그림 4-1] 검사기반 추론 과정 및 추론의 타당성을 지지하는 증거

[그림 4-1]은 학생들이 어떤 내용기준을 습득했는지의 여부가 한 검사에 의해 어떻게 측정되는지, 그리고 검사를 바탕으로 한 추론의 타당성을 지지하기 위해 수집할 수 있는 세 가지 타당도 증거가 무엇인지를 도식적으로 정리한 것이다.

측정 전문가들이 세 가지 타당도 증거를 모두 수집하는 것에 대해 당연하게 여기는 것과는 대조적으로, 교사들은 어떤 종류의 타당도 증거도 수집하지 않는 경우가 많다. 그러나 교사들도 큰 노력 없이 교실 상황에 가장 유용한 형태로 내용관련 타당도 증거를 수집하는 것이 가능하다. 학급에서 실시하는 검사가 매우 중요하다면, 이 검사에 대한 내용관련 타당도 증거를 수집하는 것 역시 중요한 작업이다.

3) 교실 평가의 타당도

그렇다면, 검사의 타당도 개념은 교사의 교수적 결정과 어떠한 관련이 있는가? 교사가 특정한 내용기준에 대한 습득 여부와 같이 중요한 교육 변인에서 학생들의 상태에 대해 부정확한 결론을 내리게 된다면, 바람직하지 않은 교수적 결정을 하게 될 가능성도 당연히 높아질 것이다. 학생들의 상태, 특히 학생들의 인지적 기능과 같은 잠재적인 변인에 관해 더 정확히 파악할수록, 교수적 결정의 타당성 역시 높아질 것이다. 그러나 학생들의 검사 점수에 기반을 두어 타당하게 내린 추론이라고 해서 항상 훌륭한 교수적 결정과 연결되는 것은 아니다. 그러나 타당하지 않은 추론은 거의 대부분 현명하지 못하거나 잘못된 교수적 결정으로 이어지게 된다.

교사들이 타당하지 않은 추론을 바탕으로 어떤 교수적 결정을 하게 되는 경우, 그 결정이 얼마나 불합리해질 수 있는지를 생각해 보자. 이 예는 내가 교사 시절 겪었던 경험에 따른 것이다. 내가 오리건 주 동부에 소재한 작은 고등학교에서 교직 생활을 처음 시작했을 때 맡았던 과목은 3학년 영어 과목이었다. 첫 학기가 끝난 후 그 수업에 대해 다시 생각해 보니, 내가 그 수업에서 목표로 했던 것은 학생들이 수업을 들은 후 글을 잘 쓰는 사람이 되는 것이었다. 즉, 그 수업을 듣고 졸업한 학생들이 대학에 진학한 후 수준 높은 에세이나 보고서를 작성할 수 있도록 하는 것이 나의 바람이었다.

그 과목을 가르치는 동안, 나는 학생들의 작문 실력이 향상되고 있다고 믿었다. 학기 중에 실시한 작문 시험에서 학생들은 점점 더 좋은 점수를 받았고, 따라서 나는 내가 내린 교수적 결정에 별다른 문제가 없다고 생각했다. 한 가지 문제가 있다면, 내가 실시한 시험이 작문의 기술에 관한 선다형 문항으로만 구성되어 있었다는 점이다. 지금 생각해 보면 굉장히 부끄러운 일이지만, 나는 한 번도 학생들의 작문 실력을 평가하기 위해 실제로 글을 써 보게 한 적이 없었다.

학생들이 선다형 시험에서 얻은 점수를 사용해서 내가 내린 추론은 '학생들이 작문을 하는 방법을 잘 배우고 있다.'였기 때문에, 나는 수업 방식을 전혀 바꾸지 않았다. 학생들의 점수가 점점 향상되고 있었기 때문에 내 수업이 상당히 괜찮다고 생각했고, 변화를 줄 필요를 전혀 느끼지 못했다. 즉, 검사에 대해 타당하지 않은 추론을 하게 됨으로써 작문의 기술만 가르치는 잘못된 교수적 결정을 내리게 된 것이다. 당시에 내가 제작한 선다형 시험에 대해 내용관련 타당도 증거를 수집하는 방법을 알았더라면, 에세이나 보고서 작성에 요구되는 실제적인 작문 능력을 합리적으로 추론하는 데 작문의 기술을 묻는 시험이 별 도움이 되지 않는다는 점을 깨달았을 것이다.

이 책의 독자들 역시 나의 초임 교사 시절처럼 평가에 대한 소양을 많이 갖추고 있지 않을 것으로 생각된다. 하지만 교사는 자신이 낸 시험 문제를 살펴보고 그것이 학생들에 대해 내리고자 하는 추론에 기여할 수 있는지 면밀히 검토해야 한다.

2. 신뢰도

신뢰도는 타당도와 함께 측정 분야에서 많이 거론되는 개념이다. 신뢰도는 대규모 검사를 개발하는 사람들에게 매우 중요한 개념이며, 검사 개발자들은 신뢰도를 산출하는 데 많은 노력을 기울인다. 검사의 신뢰도는 검사 점수의 일관성을 의미한다. 사실 '신뢰도'라는 용어를 사용하지 않고 '일관성'이라는 용어를 사용하더라도 큰 문제는 없다.

1) 신뢰도의 세 가지 유형

타당도와 마찬가지로 신뢰도 역시 세 가지 유형이 있다. 신뢰도의 세 가지 유형에 따라 검사 도구의 일관성에 관한 개념이 서로 다르기 때문에, 교육자들은 각 유형의 차이점에 대해 정확히 이해해야 한다.

• **안정성 신뢰도**   첫 번째 유형의 신뢰도는 한 검사가 무언가를 반복적으로 측정하는 상황에서 기대할 수 있는 일관성과 관련된 개념이다. 예를 들어, 학생들이 매월 첫날에 표준화 성취도 검사를 보는 상황을 가정해 보자. 한 검사가 끝난 후 다음 번 검사를 보는 사이에 검사가 측정하고자 하는 구인과 관련된 어떠한 교육도 받지 않은 상태에서 동일한 검사를 다시 보게 된다면 학생들의 검사 점수는 이전과 동일하게 산출될 것인가?

• **동형검사 신뢰도**   두 번째 유형의 신뢰도 핵심 개념은 그 명칭에서부터 명확하게 드러난다. 동일한 구인을 측정하되, 검사를 구성하는 문항이 서로 다른 두 가지 검사형이 존재한다고 할 때, 두 검사형에서 학생들이 얻은 점수는 유사할 것인가? 만일 어떤 학생이 A형 검사에서 좋은 점수를 받았다면, 이 학생이 B형 검사에서도 좋은 점수를 받을 것으로 생각할 수 있을까? 동형검사 신뢰도는 하나의 검사이지만 서로 다른 문항으로 구성된 두 개 이상의 검사형이 존재하는 경우에 산출할 수 있는 신뢰도다.

• **내적 일관성 신뢰도** 세 번째 유형의 신뢰도는 한 검사 내에서 문항이 어느 정도 일관성을 보이는지에 초점을 둔다. 즉, 검사를 구성하는 모든 문항이 동일한 것을 측정하고 있는지에 관한 신뢰도다. 물론 내적 일관성 신뢰도가 의미가 있으려면, 독해 능력과 같이 단일한 변인을 측정하는 검사여야 한다. 만일 국어 시험이 학생의 독해력, 맞춤법 실력, 구두점 이해 등 여러 가지 능력을 측정하는 문항으로 구성되어 있다면, 검사 문항이 유사하게 기능하고 있는지를 판단하는 작업이 별로 의미 없을 수도 있다. 검사가 서로 구별되는 능력을 측정하고 있기 때문에 검사 문항이 일관된 방식으로 기능할 것으로 기대하기는 어렵다.

이와 같은 세 가지 유형의 신뢰도는 검사의 일관성을 다룬다는 점에서는 공통점을 가지지만 개념적으로는 서로 차이가 있다. 따라서 앞으로 교육 분야에서 사용되는 중요한 검사가 '높은 신뢰도'를 가진다는 말을 어딘가에서 듣게 된다면, '어떤 유형의 신뢰도를 의미하는지' 자신 있게 물어보기 바란다. 대부분의 경우 검사 개발자는 내적 일관성과 관련된 신뢰도를 산출하는 경우가 많다. 내적 일관성 신뢰도를 산출하기 위해서는 검사를 한 번만 실시해도 되지만, 다른 두 유형의 신뢰도를 산출하려면 검사를 적어도 두 번 실시해야 한다는 불편함이 있다. 세 유형의 신뢰도 중 어느 한 유형의 신뢰도가 높다고 해서 다른 유형의 신뢰도 역시 높을 것이라고 확신하기는 어렵다. 예를 들어, 내적 일관성 신뢰도가 높은 검사라 해도 시간에 따른 안정성이 높다고 말할 수는 없다. 세 유형은 서로 다른 성격을 가지기 때문이다.

2) 교실 평가의 신뢰도

그렇다면 교사들이 제작한 검사에 대해서는 어떤 유형의 신뢰도 증거를 수집해야 할까? 이 질문에 대한 대답이 여러분의 예상 밖일지도 모르겠다. 나는 교사들이 신뢰도 증거를 수집할 필요가 없다고 생각한다. 신뢰도를 구하기 위해 들이는 노력에 비해 얻는 것이 적기 때문이다. 하지만 교사들은 신뢰도가 세 가지 서로 다른 유형으로 정의될 수 있다는 점과 한 유형의 신뢰도가 다른 유형과 동일하지 않다는 점은 이해하고 있어야 한다. 그리고 이러한 점이 바로 신뢰도와 교실 수업이 연결되는 지점이라고 본다. 학생들이 주에서 승인한 내용기준을 습득했는지 평가하는 성취도 검사처럼 매우 중요한 외부 검사를 실시해야 하는 상황을 생각해 보자. 그 검사가 정밀 중요하다면, 그 검사의 기술적인 측면에 대해 면밀히 검토해 볼 필요가 있다. 그 검사를 신뢰할 만한 증거가 있는가? 만일 그렇다면, 어떤 유형의 신뢰도 증거가 제시되고 있는가?

　만약 주에서 실시하는 검사의 신뢰도가 낮다면 그 검사의 질적 수준에 관해 의심해 봐야 한다. 어떤 검사의 신뢰도가 낮으면 타당한 추론을 도출할 수 있는 검사 점수를 산출하기 어렵기 때문이다.

　이 점에 관해서는 안정성 신뢰도의 예를 가지고 설명하고자 한다. 어떤 교사가 가르치는 학생들이 화요일 아침에 중요한 시험을 봤는데, 그날 오후에 교무실에 화재가 발생했다고 가정해 보자. 학생들의 시험지는 모두 불에 타 없어졌다. 일주일 후 이 교사는 동일한 시험을 같은 학생들에게 다시 실시했다. 그런데, 지난번에 화재로 소실된 시험지를 청소부가 가까스로 불길 속에서 구해 냈다는 사실을 시험이 끝난 직후에 알게 되었다. 일주일 간격으로 실시된 동일한 시험에서 얻은 두 점수를 비교해 보니, 학생들의 점수는 널뛰기를 하고 있었다. 예를 들어, Billy는 첫 시험에서 높은 점수를 얻었지만 두 번째 시험에서는 낮은 점수를 받았고, Tristan은 첫 시험에서 낮은 점수를 얻었지만 두 번째 시험에서는 점수가 급상승하였다.

　이처럼 일관되지 않은 점수를 볼 때, 이 학생들이 학습 내용을 이해했다고 해야 할까, 이해하지 못했다고 해야 할까? Billy에게 심화 과정 수업을 듣게 하는 것이 적절한가, 그렇지 않은가? Tristan은 별도의 학습 도움이 필요할까, 아니면 개별적인 과제를 수행할 준비가 되었다고 할 수 있을까? 만일 검사 점수의 신뢰도가 낮고 일관성이 없다면, 검사 점수에 기반을 두어 정확한 추론을 하거나 바람직한 교수적 결정을 내리는 데 이 검사가 제대로 된 역할을 한다고 할 수 있을까? 아마도 전혀 그렇지 않을 것이다.

3. 평가 편파

편파라고 하면 누구나 부정적인 생각을 가지고 있을 것이다. 편파된 생각은 사람의 판단력을 흐리게 한다. 이를 반대로 생각하면, 편파가 없다는 것은 긍정적인 것이며, 사람들이 더 정확한 판단을 할 수 있도록 할 것이다. 평가 편파란 교육자들이 반드시 제거해야 하는 것으로, 윤리적 측면에서도 그렇고 더 나은 교수적 결정을 내리기 위한 측면에서 볼 때도 그렇다. 이 절에서는 대규모 검사 및 교사가 제작한 검사에서 평가 편파를 어떻게 확인하고 제거해야 하는지에 관해 논의하고자 한다.

1) 평가 편파의 본질

평가 편파란 학생의 인종, 성별, 민족, 종교, 사회경제적 지위(Socio-Economic Status: SES) 등과 같은 개인적 특성으로 인해 어떤 검사 문항이 학생에게 불쾌감을 주거나 이 문항으로 인해 부당하게 낮은 평가를 받게 될 때 발생한다. 평가 편파를 이렇게 정의하는 데에는 두 가지 측면이 존재한다. 어떤 검사가 학생들에게 불쾌감을 준다는 측면과 학생들의 개인적인 특성으로 인해 부당하게 낮은 평가를 받는 측면의 두 가지다.

학생에게 불쾌감을 줄 수 있는 검사 문항의 예로는 문항에 등장하는 사람이 어떤 민족인지를 누구나 알 수 있는 상황에서 그 사람이 어리석은 행동을 하는 경우를 들 수 있다. 그 문항에 등장한 사람과 같은 민족의 학생들은 자기 민족이 그다지 똑똑하지 않은 것으로 묘사되는 상황에 대해 기분이 나쁠 수 있다. 그리고 이런 종류의 불쾌감으로 인해 시험 문항을 푸는 동안 부정적인 감정을 느끼게 됨으로써 평소보다 낮은 점수를 받을 가능성이 있다. 또 다른 예로, 여성은 항상 단순하고 하찮은 업무를 담당하고, 남성은 항상 지위가 높고 보수를 많이 받는 직업에 종사하는 것으로 묘사하는 문항을 들 수 있다. 이와 같은 성차별적 문항을 여학생이 풀게 되면 기분이 나쁠 수 있고, 자신의 실력에 비해 낮은 점수를 받게 될 수 있다.

부당하게 감점을 받게 되는 예로는 미식축구 경기의 득점 규칙과 관련된 수학 응용문제를 들 수 있다. 여학생들은 일반적으로 미식축구를 잘 하지 않고, TV에서 중계하는 경기도 잘 보지 않는다. 따라서 공을 던지거나 공을 안고 달리는 대신 공을 차서 골인하면 추가점을 얻는다든지, 공격진이 자기 팀 진영의 엔드존에서 공을 빼앗기면 상대편이 득점한다든지 하는 경기 규칙에 관한 문항이 검사에 포함될 경우 성차를 유발할 가능성이 높다.

물론 감점을 받게 되는 상황이 항상 부당한 것은 아니다. 학생이 공부를 충분히 하지 않아서 시험에서 낮은 점수를 받은 것이라면 낮은 점수를 주는 것은 당연하다. 더욱이 이 상황에서 낮은 점수를 바탕으로 교사가 내리고자 하는 추론, 즉 이 학생이 학습 내용을 숙지하지 않은 것이라고 결론을 내리는 것은 타당한 것이다. 하지만 만일 부모의 사회경제적 지위와 같이 학생의 개인적인 특성이 낮은 점수를 받게 되는 결정적인 요인으로 작용했다면 평가 편파가 발생했다고 볼 수 있다. 평가 편파는 검사 수행의 정확성을 왜곡하기 때문에, 결과적으로 학생의 상태에 대해 타당하지 않은 추론을 하게 되고, 이는 곧 바람직하지 않은 교수적 결정으로 이어진다.

2) 대규모 평가의 편파

과거에는 국가수준 학업성취도 검사와 같은 대규모 검사의 제작자들도 검사를 개발하는 과정에서 편파 가능성이 있는 문항을 확인하거나 삭제하는 작업을 거의 하지 않았다. 필자는 1970년대 후반에 UCLA(University of California at Los Angeles)에서 교육평가 과목을 여러 해 동안 가르치면서, 학생들에게 국가수준에서 개발된 표준화 성취도 검사 중 하나를 비평하라고 한 적이 있었다. 지금 생각해 보면 굉장히 초보적인 수준이긴 하지만 그 당시에도 대규모 검사에서 편파 문항을 탐색하는 절차를 적용한 사례가 있었다.

당시에 편파를 탐색하기 위해 검사 개발자가 택한 절차는 다음과 같다. 3명으로 구성된 편파 검토위원회가 개발 단계에 있는 문항을 검토한다. 3명 중 한 명은 소수 집단을 대표하는 사람으로 구성되었다. 만일 어떤 문항에 대해 3명의 검토자 모두 편파 문항이라고 생각하면 그 문항은 검사에서 삭제되며, 이 경우를 제외하고는 모두 검사에 포함한다. 만일 소수 집단을 대표하는 검토위원이 어떤 문항이 심하게 편파적이라고 생각하더라도 나머지 한 명이 동의하지 않으면 그 문항은 여전히 검사에 포함된다. 오늘날의 시각으로 볼 때, 이와 같은 피상적인 편파 검토 과정은 불합리한 것처럼 보인다.

요즈음에는 대규모 검사 개발자들이 훨씬 더 엄격한 편파 탐색 절차를 적용한다. 성별이나 인종과 관련해서는 특별히 더 엄격한 심사 과정을 거친다. 요즈음에는 대부분 소수 집단을 대표하는 약 15~25명 정도를 검토위원회로 구성한다. 편파 검토위원회는 문항 편파에 대해 전문적인 판단을 할 수 있도록 풍부한 훈련과 실습 과정을 거친다. 검사에 최종적으로 포함될 문항에 대해서 편파 검토위원회의 각 구성원들은 다음과 같은 사항을 검토한다.

이 문항은 성별, 민족, 종교, 사회경제적 지위 등의 개인적 특성으로 인해 학생들에게 불쾌감을 주거나 부당하게 낮은 점수를 받게 할 소지가 있는가?

(___ 예 ___ 아니요 ___ 잘 모르겠음)

앞의 질문은 검토위원들에게 학생들이 부당하게 낮은 점수를 받을 가능성이 있는지를 묻는 것이지, 부당하게 낮은 점수를 받을 것이 확실한지를 묻는 것이 아니다. 검사 개발자는 학생의 개인적 특성으로 인해 불쾌감을 형성하거나 부당하게 낮은 점수를 주게 될 가능성이 조금이라도 있는 문항을 미연에 제거해야 한다는 점을 확실히 인지해야 한다. 이 질문이 편파의 가능성에 대해 거의 확신하는 문항만 선별하는 목적이라면, 편파 문항으로 보고되는 문항의 수는 훨씬 적을 것이다.

다수의 검토위원들이 어떤 문항에 대한 편파 가능성에 대해 우려하는 상황이라면, 그 문항은 검사에서 궁극적으로 제외되어야 한다. 잠재적인 편파 가능성을 가지는 문항을 삭제하기 위해 검토위원들 간에 어느 정도 수준의 일치도가 필요한지를 결정하는 것은 매우 중요한 이슈다. 앞서 제시한 1970년대 표준화 검사의 사례에서는 어떤 문항을 제거하기 위해서 검토위원들 간에 100% 일치도가 요구되었다. 하지만 최근에 내가 참여했던 검토위원회에서는 위원들 중 5%만 편파 가능성을 제기하더라도 그 문항이 제거되었다. 시대가 변한 것이다.

최근에 실시되는 대규모 검사는 대부분 학생의 성별이나 인종, 민족을 바탕으로 평가 편파의 존재 가능성을 검토하고 있다. 그러나 중요한 대규모 검사 가운데 상당히 많은 문항이 여전히 사회경제적 지위의 측면에서 편파성을 가지고 있지만 이러한 점이 간과되는 경우가 많다. 이에 관해서는 제9장에서 자세히 다루고자 한다. 아무리 철저한 검토 과정을 거치더라도 편파 가능성이 있는 모든 문항을 걸러 내기는 어렵겠지만, 그래도 현재 검사 개발자들이 기울이는 노력에는 A학점을 줄 수 있을 것 같다. 성별이나 소수 집단에 주목하여 편파 가능성을 주도면밀하게 탐색하는 주된 이유는 검사의 편파성에 대한 논란 때문에 법정에 서게 될 수 있다는 점을 염려하기 때문이다. 소송에 대한 우려는 때로 어떤 행동에 대한 강력한 자극제가 되곤 한다.

3) 교실 평가의 편파

교사들이 제작하는 평가에는 교사 자신이 생각하는 것보다 훨씬 많은 편파 요소가 존재한다. 이는 교사들이 고의적으로 학생들에게 불쾌감을 주거나 부당하게 낮은 점수를 주기 위한 것이라기보다는, 이 문제에 대해 체계적으로 검토하는 교사들이 거의 없기 때문이라고 할 수 있다.

검사 편파를 없앨 수 있는 방법은 간단하다. 문항별로 꼼꼼히, 신중하게 편파 가능성을 검토하는 것이다. 대규모 검사의 편파 검토위원회에서 문항 검토를 하는 데 사용되는 질문이 동일하게 교실 평가에서도 적용될 수 있다. 자신과 다른 인종이나 민족을 가르치고 있다면, 그 인종이나 민족의 교사나 학부모에게 자신이 개발한 문항의 편파 가능성에 관해 조언을 얻는 것이 현명할 것이다. 대부분의 편파 문항은 조금만 주의하면 손쉽게 수정할 수 있다. 간단히 수정할 수 없는 문항이라면 검사에서 삭제하면 된다.

편파 가능성을 탐색하는 것은 모든 학생들에게 공정하고 정확하게 평가를 실시하기 위한 것이다. 이것이 교사의 검사기반 추론이 타당해질 수 있는 유일한 방법이다. 학생들에 대해 타당한 추론을 한다는 것은 교수적 결정의 타당성을 지지할 수 있는 기반이 되나, 반대로 타당하지 않은 추론은 교수적 결정의 타당성에 대한 기초로서 기능하기 어렵다.

수업중심 평가를 위한 팁

- 타당도란 검사 자체에 대한 것이 아니라 검사에 기반을 둔 추론에 대한 것임을 기억한다.
- 타당도 증거에는 세 가지 유형이 있으며, 각 유형은 모두 교사들이 검사기반 추론의 정확성에 대해 확신을 가질 수 있도록 한다는 점을 이해한다.
- 교사가 제작하는 중요한 검사에는 내용관련 타당도 증거를 수집한다.
- 교육 검사에 대해 수집할 수 있는 신뢰도 증거에는 서로 다른 성격을 가지는 세 가지 유형의 증거가 존재한다는 점을 인식한다.
- 교실 평가에서 편파 요소를 탐색하고, 이를 제거하는 데 각별한 주의를 기울인다.

추천 참고문헌

American Educational Research Association. (1999). *Standards for educational and psychological testing*. Washington, DC: Author.

McNeil, L. M. (2000, June). Creating new inequalities: Contradictions of reform. *Phi Delta Kappan, 81*(10), 728-734.

Popham, W. J. (2000). *Modern educational measurement: Practical guidelines for educational leaders* (3rd ed.). Boston: Allyn & Bacon.

Popham, W. J. (Program Consultant). (2000). *Norm- and criterion-referenced testing: What assessment-literate educators should know* [Videotape]. Los Angeles: IOX Assessment Associates.

Popham, W. J. (Program Consultant). (2000). *Standardized achievement tests: How to tell what they measure* [Videotape]. Los Angeles: IOX Assessment Associates.

검사 개발의 원리

제5장에서는 검사 개발의 원리와 검사를 구성하는 문항의 세부적인 특성에 관해 자세히 살펴보고자 한다. 제6장과 제7장에서는 교사가 검사 문항을 잘 만들고 싶을 때 적용할 수 있는 간단한 지침을 몇 가지 제시하고자 한다. 검사 개발과 문항 제작의 원리에 관해 더 자세히 학습하고 싶은 독자들은 각 장의 말미에 제시된 참고문헌 목록을 참고하기 바란다. 문항 제작과 관련된 구체적인 지침에 대해 논의하기 전에 이 장에서는 교사가 검사를 개발하고자 할 때 고려해야 할 사항을 먼저 이야기하고자 한다.

1. 추론의 개념

앞서 우리는 교사들이 학생의 인지적 · 정의적 상태에 관해 추론하는 과정에서 검사를 사용한다는 점을 논의한 바 있다. 검사 결과를 바탕으로 학생의 잠재적인 상태에 대한 추론이 이루어지고 나면, 교사는 그 추론을 바탕으로 교수적 결정을 하게 된다. 이와 같이 교육평가의 전 과정은 추론에 기초한다.

이 책에서 이미 여러 번 언급했기 때문에 여러분은 검사에 기반을 둔 추론 이 가지는 중요성에 대해 잘 알고 있을 것이다. 검사에 기반을 둔 추론이 교사 가 의도한 대로 이루어질 수 있도록 하기 위해서는 검사 개발 과정에서 많은 노력을 기울여야 한다. 잘 개발된 검사일수록 그 검사에서 얻은 결과는 타당한 추론을 지지할 수 있는 근거로 활용할 수 있을 것이고, 이를 바탕으로 교사가 내리는 교수적 결정의 타당성도 증가할 것이다.

그렇다면 검사 개발 과정에서 적용되는 추론 기반 접근이 실제 교육 현장에 서는 어떻게 적용될 것인가? 교사는 검사에 관해 또는 검사가 어떤 형태를 가 질지에 관해 생각하기 전에 자신이 어떤 교수적 결정을 내리고자 하는지 분명 히 해야 한다. 검사를 어떤 목적으로 사용할 것인가? 학생들이 특정 교육목표 를 달성했는지 알아보기 위해 검사 결과를 활용하고자 하는가? 학생들이 현재 배우고 있는 기하 단원의 내용을 어느 정도 이해하고 있는지 파악함으로써 다 음 단원에 가르칠 내용을 결정하고자 하는 목적으로 사용할 것인가? 아마 교 사들이 평가를 사용하는 가장 보편적인 상황은 한 단원 또는 한 학기가 끝난 후에 성적을 부여하기 위한 목적으로 학생들을 평가해야 하는 상황일 것이다.

교실 평가의 목적은 매우 다양하며, 교실 평가의 목적과 관련된 교수적 결정 역시 다양하다. 평가 결과를 바탕으로 내리는 교수적 결정이 학생의 인지적 · 정의적 상태에 관한 정확한 추론에 근거한다면 교실 평가의 다양한 목적을 달 성하기는 쉬워질 것이다. 교사가 학생들을 평가하기 위해 사용하는 교실 검사 (classroom test) 개발의 3단계는 [그림 5-1]에 제시되어 있다. 이 그림에서 볼 수 있듯이, 교사는 검사를 제작하기 이전에 검사 결과를 토대로 어떤 교수적 결정을 내리고자 하는지 결정해야 하며, 검사에서 얻을 수 있는 추론 중 어떤 것이 교사의 교수적 결정에 도움이 될지 확인해야 한다.

이처럼 교수적 결정과 추론이라는 두 가지 측면을 항상 염두에 두고 검사를 개발하면 개발된 검사에서도 이러한 측면이 자연히 반영된다. 예를 들어, 학생의 현재 상태를 파악하여 이후의 교수 내용을 결정하고자 하는 것이 검사의 목적이라면, 학기 말에 성적을 부여하기 위해 실시하는 검사에 비하여 훨씬 적은 수의 검사 문항으로도 충분하다. 교사가 자신의 수업이 효과적이었는지에 관해 스스로 평가하는 것이 목적이라면, 교수 활동 중 어떤 부분이 제대로 기능했고 어떤 부분이 그렇지 않은지를 합리적으로 판단할 수 있을 만큼 충분한 수의 문항을 검사에 포함해야 한다. 교사가 고려하고 있는 교수적 결정이 무엇인지, 그리고 그 결정에 대해 가장 좋은 정보를 줄 수 있는 주론이 무엇인지는 교실 검사의 세부적인 특성을 결정하는 요인이 되어야 한다.

[그림 5-1] 교실 검사 개발의 3단계

제4장에서 강조한 바와 같이, 교실 검사의 타당도를 확보하는 데 가장 중요한 증거는 내용관련 타당도 증거다. 내용관련 타당도를 확인하는 것은 교수의 내용이 되는 지식과 기능 등 교사가 평가하고자 하는 교육목표가 검사에서 충분히 반영되었는지를 검사 개발 전에 미리 확인할 수 있는 좋은 기회가 된다. 교육목표와 검사의 내용 간에 간극이 크지 않아야 하며, 검사를 구성하는 문항의 수와 가중치가 교육목표의 상대적인 중요도를 그대로 반영해야 한다.

교사들이 검사를 설계하는 데에는 대부분 주관적 판단이 요구된다. 검사 개발에 엄격하고 신성하게 적용되어야 할 십계명 같은 것은 존재하지 않는다. 또한 검사가 반영해야 할 내용의 범위나 문항 수에도 반드시 따라야 할 규칙 같은 것이 존재하지 않는다. 그러나 [그림 5-1]과 같이 검사 개발 이전에 스스로에게 물어야 할 두 가지 질문, 즉 자신이 관심을 두고 있는 교수적 결정이 무엇인지, 그리고 검사에 기반을 두어 이와 같은 결정을 가장 잘 지지할 수 있는 추론은 무엇인지에 대해 진지하게 고민하는 교사들은 자신의 교수활동을 향상시키는 데 도움이 될 양질의 검사를 제작할 가능성이 높다. 이러한 교사들이 만든 검사는 무턱대고 문항부터 제작하는 교사들이 만든 검사에 비해 질적으로 훨씬 더 우수할 것이다.

2. 문항 유형

교육측정 분야에는 명확히 구분되는 개념이 상당수 존재한다. 앞서 적성 검사와 성취도 검사의 차이를 언급했던 것을 기억할 것이다. 타당도의 세 가지 증거와 신뢰도의 세 가지 유형에 관해서도 논의한 바 있다. 평가 전문가들은 교육측정 분야에서 필수적으로 등장하는 개념이나 용어를 범주화한 경우가 많다. 제6장과 제7장에서 자세히 다루듯이, 문항도 여러 유형으로 범주화할 수 있다.

교육 검사에서 사용되는 모든 문항은 크게 선택형 문항(selected-response item) 또는 구성형 문항(constructed-response item) 중 하나로 분류할 수 있다. 이와 같은 명칭에는 각 범주에 속한 문항의 주요한 특징이 잘 드러나 있다. 선택형 문항은 학생들에게 몇 가지 선택지를 제공한 다음 그중에서 정답을 고르도록 하는 형태의 문항이다. 선다형 문항(multiple-choice item)은 선택형 문항 중 가장 대표적인 문항 유형이며, 진위형 문항(true-false item)도 피험자가 두 개의 선택지 가운데 하나를 선택하도록 하는 형식이므로 선택형 문항의 범주에 속한다.

반면, 구성형 문항은 피험자들이 짧은 답변이나 논술 또는 검사가 요구하는 형태의 무언가를 직접 작성하거나 만들어 내야 하는 형식이다. 가장 보편적인 형태의 구성형 문항은 논술형 문항(essay item)과 단답형 문항(short-answer item)이다. 이러한 형식의 문항에서는 주어진 선택지 중에서 하나를 고르는 것이 아니라 피험자가 직접 응답을 작성해야 한다.

선택형 문항과 구성형 문항은 각기 장단점을 가진다. 선택형 문항은 채점이 쉽지만, 대체로 쉽게 암기할 수 있는 단순한 내용을 주로 평가한다는 점에서 비판을 받아 왔다. 반면, 구성형 문항은 고차원적인 인지적 반응을 이끌어 낼 수 있지만, 채점하는 데 훨씬 많은 시간이 소요되고 채점에서 충분한 객관성을 확보하기 어렵다는 단점을 가진다. 따라서 선택형 문항과 구성형 문항을 선택하는 데 적절한 균형을 찾는 것이 필요하다.

두 가지 문항 유형 중 어느 하나가 더 우수하다고 결론 내리기는 어렵다. 문항 유형의 적합성은 맥락에 따라 달라지기 때문이다. 교육목표에 따라서도 달라질 수 있고, 교사가 구성형 문항에 대한 학생의 답안을 채점하는 데 어느 정도의 시간과 노력을 할애할 수 있을지에 대한 현실적인 여건에 따라서도 달라진다. 교사가 다양한 검사 문항을 고안하는 데 어느 정도 능숙한지에 따라서도 다를 수 있다. 교사들은 먼저 어떤 교육목표를 다룰 것인지 면밀히 검토해야 하고, 그런 다음 선택형과 구성형 문항 중 어떤 유형이 추론의 타당성을 높이는 데 더 적합한지 판단하여 더 좋은 검사를 개발하기 위해 노력해야 한다.

궁극적으로 교사가 선택형 문항을 선호하든 구성형 문항을 선호하든, 아니면 이 둘의 혼합된 형태를 선호하든 간에, 검사 개발 과정에서 교사들이 쉽게 직면할 수 있는 한계나 제한점은 언제나 존재한다. 그러나 이러한 한계를 극복할 수 있도록 많은 전문가의 경험에 근거한 가이드라인도 존재한다.

3. 좋은 문항 제작의 걸림돌

제6장에서는 선택형 문항에 대한 문항 제작 지침을, 제7장에서는 구성형 문항에 대한 문항 제작 지침과 학생들의 답안을 채점하는 방법 등에 관해 다루고자 한다. 그 전에 이 절에서는 좋은 문항을 제작하는 데 걸림돌이 되는 다섯 가지 요소에 관해 논의하겠다. 이는 학생들의 상태에 관해 정확히 추론하고자 하는 검사의 본래 목적에 방해가 되는 것들이며, 선택형 문항 및 구성형 문항 모두에 적용된다. 좋은 문항을 제작하는 데 걸림돌이 되는 다섯 가지 요소는 (1) 지시문의 불명확성, (2) 문항 진술의 모호성, (3) 부주의한 단서 제공, (4) 복잡한 문장 구조, (5) 어려운 용어 사용 등이다. 검사 개발자의 역할은 다섯 가지 요소를 가급적 피하는 것이지만, 이것이 쉽지만은 않다. 여기서는 각각의 요소와 관련된 사례를 바탕으로 각 요소가 무엇을 의미하는지 자세히 살펴보고자 한다.

• **지시문의 불명확성**   학생들이 문항을 푸는 데 어려움을 느끼는 이유가 문항에서 요구하는 것이 무엇인지를 정확히 파악하기 어렵기 때문인 경우가 의외로 굉장히 많다. 다음 예는 한 중간고사에서 학생들에게 제시된 지시문으로, 불명확한 방향 제시에 대한 좋은 사례다. 이 예는 인위적으로 만들어진 것이지만, 대부분의 학생이 실제로 접하는 지시문과 크게 다르지 않다.

불명확한 지시문의 예

시험지는 총 4부로 구성되어 있습니다. 각 부는 단답형과 선다형 문항으로 구성되어 있으며, 여러분이 한 학기 동안 배운 내용 중 가장 중요한 단원의 내용을 다루고 있습니다. 제한 시간이 있으므로 문항을 푸는 데 시간을 효율적으로 사용해야 합니다. 최선을 다해 좋은 결과가 있기를 바랍니다.

앞에 제시한 가상의 지시문은 시험을 구성하는 각 부의 점수 배점에 대한 안내가 전혀 없기 때문에 사실상 거의 도움이 되지 않는다. 시험의 각 부는 선택형 문항과 구성형 문항을 모두 포함하고 있기 때문에 각 부의 배점이 서로 다를 가능성이 있다. 그럼에도 불구하고, 이와 같은 지시문은 학생들에게 차등 배점에 대한 정보를 제공하지 않고 있다.

또한 이 지시문에서는 제한 시간이 있다고 명시함으로써 시험 문제를 효율적으로 풀어야 함을 암시하고 있다. 이때 제한 시간이란 무엇을 뜻하는가? 각 부를 구성하는 문항 수가 몇 개인지도 모르는 상황에서 학생들은 각 부에 동일한 시간을 할애해야 하는가, 차등을 두어야 하는가? 이처럼 모호한 지시문이 주어진다면 학생들이 시험 도중에 직면할 수 있는 많은 중요한 이슈에 대답할 수 없게 된다.

검사를 직접 제작하는 사람으로서 교사는 학생들이 어떻게 응답할지에 관해 매우 잘 이해하고 있을 것이다. 하지만 대부분의 학생은 교사의 속마음을 읽지 못한다. 시험에 대한 지시문이 명료하고 완벽한지 확인하기 위해서는 이해가 좀 느린 학생의 '머릿속으로' 들어가서 그 학생의 관점에서 자신이 작성한 지시문을 읽어 보라. 만일 학생이 무엇을 해야 하는지가 조금이라도 불명확하다면 의미가 명료해질 때까지 지시문의 내용을 다듬을 필요가 있다.

• **문항 진술의 모호성**　일반적으로 모호함은 피해야 할 요소이며, 교육 검사에서 모호함은 특히 바람직하지 않은 요소다. 앞에서 설명한 바와 같이 문항 풀이에 대한 지시문이 모호한 경우도 그렇지만 문항 자체가 모호한 것은 더욱 더 심각한 문제다. 문항이 모호하게 진술되는 이유는 교사들이 자신이 만든 문항의 의미를 잘 알고 있기 때문이다. 그러나 학생들이 교사의 마음속에 어떤 생각을 가지고 있는지 아는 것은 어렵다.

다음과 같이 모호하게 진술된 진위형 문항을 살펴보자.

모호하게 진술된 진위형 문항의 예

연구에 따르면 어른들이 어린 아이들에 대해 권위적인 것은 그들의 유전적인 특성 때문인 경우가 종종 있다. (T / F)

앞 문항에서 '그들의'가 의미하는 바가 정확히 무엇인가? 어른들의 유전적인 특성을 의미하는가, 아니면 아이들의 유전적인 특성을 의미하는가? 이 문제는 사실상 수정하기 쉽다. 그냥 '그들의'라는 대명사를 어른이든 아이든 교사가 본래 의도했던 명사로 대체하면 되기 때문이다. 대명사를 잘못 사용하면 문항이 모호해지기 쉬운데, 이는 중의적으로 해석될 수 있는 단어나 구절에서도 마찬가지다.

• **부주의한 단서 제공**　교사가 자신도 모르게 문항에 단서를 흘리는 바람에 공부를 많이 하지 않은 학생들도 정답을 맞히는 경우가 종종 있다. 선다형 검사에서 정답지를 오답지에 비해 길게 작성하는 경향이 있다는 점이 대표적인 예다. 일반적으로 정답지가 길어지는 이유는 정답지에 진술된 내용이 예외 없

이, 반드시 정답이 되도록 하기 위해서 한정사나 수식어를 추가하는 경우가 많기 때문이다. 이유가 무엇이든 간에 정답지를 오답지에 비해 길게 만드는 경향이 일관되게 나타나면, 눈치 빠른 학생들은 문항의 내용에 관계없이 정답을 가려낼 수 있을 것이다.

이와 더불어 교사가 작성한 선다형 문항에서 자주 발견되는 실수로 문법적 대응 관계로 인해 단서를 제공하게 되는 상황을 들 수 있다. 생물학 용어에 관한 다음 문항은 그 단적인 예다.

문법적인 단서를 제공하는 문항의 예

The commonly recognized example of a pachyderm is an

a. elephant
b. turtle
c. lion
d. pigeon

문두에서 'an'이라는 관사를 사용한 것을 보면 정답의 첫 글자가 모음이라는 점을 알 수 있다. 'elephant'가 이 조건을 만족하는 유일한 선택지이기 때문에 a번이 정답이 될 것은 쉽게 알 수 있다. 이 문항을 고치는 가장 손쉬운 방법은 문두에서 관사를 지우고 모든 선택지마다 관사를 포함하여, (a) an elephant, (b) a turtle, (c) a lion, (d) a pigeon과 같이 작성하는 것이다.

부주의하게 단서를 제공하는 또 다른 예로는 진위형 문항에서 '전혀'나 '항상'과 같은 한정사를 거짓 진술문에 포함하는 경우를 들 수 있다. 이 세상에는 절대적인 것들이 별로 없기 때문에 '전혀' '항상' '절대'와 같은 한정사를 포함하는 문항이 거짓이라는 점은 눈치채기 쉽다.

뜻하지 않게 단서를 제공하게 되면 일부 학생들이 교육목표를 달성하지 못했음에도 불구하고 달성한 것으로 나타날 수 있기 때문에 검사 점수에 기반을 둔 추론의 정확성을 저해하게 된다. 검사 문항에서 무심코 흘리는 단서가 많을수록 잘못된 결정을 내리게 될 가능성이 커진다. 따라서 검사를 실시하기 전에 모든 문항을 면밀히 검토해서 정확한 응답을 이끌어 내는 데 방해가 되는 요소가 있는지 확인해야 한다.

• 복잡한 문장 구조 같은 내용이라도 상황에 따라 단순하게 말하는 것이 나을 때도, 모호하게 말하는 것이 나을 때도 있다. 그러나 문항 작성에서는 언제나 단순함이 모호함보다 낫다. 문항이 긴 문장으로 표현되는 경우에는 각별히 주의를 기울일 필요가 있다. 또한 문항에서 너무 많은 대명사를 사용하고 있다면 단순화하는 것이 좋다. 문항의 복잡한 구조로 인해 오답을 하게 되는 학생이 나와서는 안 된다.

다음에 제시된 역사 문항의 구문 구조가 얼마나 복잡한지 살펴보자.

복잡성이 심한 진위형 문항의 예

Having been established following World War II in a patent ploy to accomplish that which the League of Nations failed to carry out subsequent to World War I, namely, peace-preservation, the United Nations (headquartered in New York) has, on a number of occasions, taken part in armed peacekeeping interventions throughout various parts of the world. (T / F)

앞의 문장에도 핵심 아이디어는 있을 것이다. 하지만 너무 많은 쉼표로 연결

되어 있고 문장 구조가 복잡해서 이 문장이 무엇을 말하고자 하는지를 파악하기는 어렵다. 이처럼 실제로 무엇을 의미하는지 전혀 파악할 수 없을 만큼 두서없는 진술문을 읽고, 그것이 옳은 진술문인지 아닌지를 어떻게 판단할 수 있겠는가? 검사 문항을 제작할 때는 가급적 단순하게 진술하도록 노력해야 한다.

• **어려운 용어 사용**　검사 문항은 자신의 언어적 현학성을 과시하거나 고상한 언어를 사용함으로써 자신의 자존감을 높이기 위한 목적으로 사용해서는 안 된다. 문항 개발에 전문성을 가진 사람들은 항상 피험자가 이해할 수 있는 수준으로 검사 문항에 사용할 용어를 선택한다. 대부분의 교육 검사에서 피험자는 학생들이며, 학생들의 어휘 수준은 교사의 어휘 수준과 차이가 날 수밖에 없다. 따라서 문항을 작성할 때 다음절(polysyllabic)의 장황한 용어 사용을 피하라. 여기서 '다음절의 장황한 용어'라는 표현 역시 학생들의 수준에 맞지 않다.

다음은 어휘 수준이 과도하게 높은 10학년 국어 시험 문항의 예다.

어려운 용어를 사용하는 문항의 예

위에 제시된 Watkins의 글을 읽고, 저자가 이 글에서 피력하고자 하는 본질적인 현상학적 속성을 고려하여, 그 속성을 가장 잘 나타낸 것이 무엇인지 고르시오.

a. 장황함의 과잉
b. 심원의 결핍
c. 과장된 가식
d. 감미로운 명료성

Watkins가 쓴 글의 특징을 파악하는 능력을 측정하는 것이 교사가 원하는

것이라면, 일반인들이 쉽게 이해할 수 있는 용어로 묻는 것이 좋다.

4. 정리

이 장에서는 교사가 학급에서 사용할 검사를 직접 제작할 때 고려해야 할 사항에 대해 간략히 소개하였다. 검사 개발 과정에서 가장 핵심적인 사항은 첫째로 교사가 학생들에 대해 타당한 추론을 할 수 있도록 돕고, 둘째는 학생들을 어떻게 가르칠지에 대한 교수적 결정을 더 합리적으로 할 수 있도록 하는 것이라는 점을 기억하기 바란다. 검사를 제작할 때 그냥 문항만 만들면 되지 않을까 하는 생각으로 접근하지 말라. 항상 교사가 내리고자 하는 교수적 결정에 초점을 두고, 보다 합리적인 의사결정을 내리기 위해 교사가 어떠한 종류의 추론을 해야 하는지를 분명히 하도록 노력해야 한다. 학생의 검사 수행에 기반을 두어 학생들에 대한 추론을 내리고자 하는 것이 학생들에게 검사를 실시하는 가장 중요한 이유다.

이 장에서는 교사가 검사를 제작할 때 사용하는 문항 유형에 선택형 문항과 구성형 문항이 있으며 두 문항 유형이 각기 장단점을 가진다는 점도 언급하였다. 마지막으로, 검사를 개발할 때 도움이 될 만한 점도 몇 가지 제안하였다. 교사가 제작하는 모든 검사 문항과 지시문은 학생의 관점에서 검토해야 한다. 문항을 '학생의 눈'으로 다시 보게 되면, 검사 문항의 질은 자연히 향상될 것이다. 여기서 '향상'의 의미는 학생들의 잠재적인 인지적 · 정의적 상태를 더 효과적으로 드러낼 수 있는 도구를 만들 수 있다는 의미다.

수업중심 평가를 위한 팁

- 학생에 대해 어떠한 교수적 결정을 내리고자 하는지, 그리고 이러한 결정을 가장 잘 지원하기 위한 검사기반 추론이 무엇인지 명확히 한 다음 검사 개발을 시작해야 한다.
- 검사기반 추론이 타당하도록 하기 위해서 선택형 검사 문항과 구성형 검사 문항을 신중하게 적용해야 한다.
- 좋은 문항을 제작하는 데 걸림돌이 되는 다섯 가지 요소, 즉 지시문의 불명확성, 문항 진술의 모호성, 부주의한 단서 제공, 복잡한 문장 구조, 어려운 용어 사용 등을 피해야 한다.

 추천 참고문헌

Linn, R. L., & Gronlund, N. E. (2000). *Measurement and assessment in teaching* (8th ed.). Upper Saddle River, NJ: Merrill.

McMillan, J. H. (2001). *Classroom assessment: Principles and practice for effective instruction* (2nd ed.). Boston: Allyn & Bacon.

Northwest Regional Educational Laboratory. (1991). *Paper-and-pencil test development* [Videotape]. Los Angeles: IOX Assessment Associates.

Stiggins, R. J. (Program Consultant). (1996). *Assessing reasoning in the classroom: A professional development video* [Videotape]. Portland, OR: Assessment Training Institute.

Stiggins, R. J. (2001). *Student-involved classroom assessment* (4th ed.). Upper Saddle River, NJ: Prentice Hall.

선택형 문항

제6장에서는 선택형 문항에서 가장 보편적으로 사용되는 양자택일형 문항, 연결형 문항, 선다형 문항의 특징을 살펴보고자 한다. 먼저 각 문항 유형의 장단점에 관해 간략히 소개한 다음, 선택형 문항을 작성하는 데 기본이 되는 지침을 제시하고자 한다.

1. 양자택일형 문항

양자택일형 문항(binary-choice item)이란 피험자가 두 개의 선택지 중 하나를 고르도록 하는 문항 유형이다. 이러한 유형 가운데 가장 일반적으로 사용되는 것은 진위형 문항으로, 학생들이 진술문을 받은 후 각 진술문이 참인지 거짓인지 판단하도록 하는 문항이다.

여러분은 내가 '양자택일형'이라는 다소 생소한 측정 용어를 사용함으로써 무언가 강한 인상을 남기려는 의도를 가지고 있다고 생각할지도 모르겠다. 하지만 그보다는 학생들에게 두 개의 선택지만 제시하면서도 충분히 좋은 검사 문항을 개발할 수 있다는 점을 강조하기 위한 의도로 이해했으면 한다. 학생들이 선택할 수 있는 선택지는 옳음과 그름, 맞음과 틀림, 정확함과 부정확함 등 다양하다. 따라서 양자택일형 문항을 진위형으로만 생각한다면, 문항의 활용 폭을 제한하는 셈이 된다.

양자택일형 문항 가운데 사람들에게 많이 알려지지 않았지만 굉장히 유용한 문항 유형이 있다. 바로 다중 양자택일형 문항(multiple binary-choice item)이다. 이 유형이 적용되는 방식은 다음과 같다. 먼저, 두세 개 정도의 문단으로 된 지문을 학생들에게 제공한다. 학생들은 그 지문을 읽은 다음 지문의 내용에 기초하여 네 개에서 여섯 개 정도의 양자택일형 문항에 각각 응답한다. 내가 UCLA에서 교육측정 강좌를 가르칠 때 실시했던 중간고사는 총 50문항이었는데, 측정 관련 이슈를 기술한 10개의 지문을 제시하고, 각 지문에 대해 각각 5개의 양자택일형 문항을 출제한 적이 있다. 기말고사는 중간고사의 두 배 길이로, 10개의 지문에 100문항을 출제하였다. 나는 지금도 그때 내가 만들었던 검사가 굉장히 훌륭하다고 생각한다. 물론 이러한 내 관점이 나만의 오해일 수도 있다.

하지만 실제로 여러분이 나의 제자들에게 당시의 중간고사나 기말고사 문항에 대해 묻는다면, 다중 양자택일형 문항이 굉장히 어려웠다고 할 것이다. 양자택일형 문항은 흔히 생각하는 것처럼 쉽거나, 대충 만들어도 되거나, 낮은 수준의 인지적 기능에 초점을 두고 있지 않다. 내가 만든 검사 문항은 난이도를 높일 수 있는 모든 요소를 다 갖추고 있었다. 학생들은 두세 개의 문단으로 구성된 지문을 읽고 각 지문과 관련된 양자택일형 문항을 풀면서 상당히 미묘하고 어려운 결정을 해야 한다. 두 개의 선택지만 가지고도 학생들에게 충분히 복잡하고 깊은 이해를 바탕으로 한 선택을 하도록 할 수 있다는 점을 기억하자.

1) 장점과 단점

양자택일형 문항의 주된 장점은 간결성에 있다. 따라서 교사는 간결성을 가지는 양자택일형 문항을 여러 개 사용함으로써 검사 내에서 다양한 범위의 내용을 다룰 수 있다. 예를 들어, 학생들이 미국 역사에 대한 다양한 사실을 알기 원한다면, 옳음과 그름, 또는 진위를 판별하도록 하는 문항을 여러 개 사용하여 사실적 지식에 대한 습득 여부를 효율적으로 파악할 수 있다.

그러나 양자택일형 문항의 가장 큰 단점은 이 유형만 사용할 경우 학생들이 명칭이나 정의, 날짜 등과 같은 사실적 정보를 단순히 암기하는 데 학습의 초점을 둘 수 있다는 점이다. 사실적 정보가 학습에서 반드시 필요한 요소인 것은 사실이나, 이것이 학습의 유일한 목적인 경우는 거의 없다. 물론 양자택일형 문항을 교묘하게 진술하여 학생들이 깊이 생각해야만 정답을 알 수 있도록 할 수도 있지만, 많은 교사는 학생들이 분명하게 진위를 판별할 수 있도록 문항을 진술하는 경향이 있다. 어떤 교사들은 단순히 교과서에 나오는 문장을 그대로 따서 부정문으로 만들거나, 심한 경우 이중부정문으로 만들기도 한다. 학생의 관점에서 보면, 이처럼 사실에 기초한 문항에 대해 시험 준비를 하는 최선의 방법은 사실상 암기, 암기, 또 암기일 것이다.

어떤 학자들은 양자택일형 문항의 다른 단점으로 학생들이 정답을 맞히기 위해 추측에 의존할 가능성이 높다는 점을 지적한다. 확률적으로 보면 양자택일형 문항을 순전히 추측으로만 맞힐 확률은 50퍼센트다. 양자택일형 문항이 하나라면 맞는 이야기다. 하지만 학생들이 10~20개의 문항을 풀어야 하는 상황이라면 단순히 추측으로 좋은 점수를 얻기는 어렵다. 20개의 양자택일형 문항을 모두 추측으로만 맞히려면 엄청나게 운이 좋아야 한다. 맞힐 확률이 50퍼센트라는 의미는 틀릴 확률 역시 50퍼센트라는 의미이므로, 확률적으로 20개의 문항 중에 10개 정도는 추측이 틀릴 가능성이 있다는 뜻이 된다. 따라서 양지택일형 문항에서 추측으로 50퍼센트를 맞혔다고 해서 잘했다고 보기 어려우며, 학생이 수업 내용을 이해했다고 보기도 어렵다.

정리하자면, 양자택일형 문항은 검사에서 많은 학습 내용을 다룰 수 있다는 장점을 가진다. 그러나 이 유형만 사용하여 학생들을 평가하면 학생들이 고차원적인 지적 기능을 활용하기보다는 단순히 암기에 의존하도록 할 수 있다는 단점을 가진다.

2) 문항 제작 지침

이 책에서는 양자택일형 문항을 제작하는 데 고려해야 할 몇 가지 지침에 관해 안내하고자 한다. 먼저 각 지침을 간략히 제시한 다음 학생들의 이해를 돕기 위해 부가적인 설명을 덧붙였고, 경우에 따라 해당 지침을 잘 반영한 사례나 위배한 사례를 제시하였다. 제시된 예시 문항을 보면 문항 제작 지침이 어떻게 적용되는지 알 수 있을 것이다. 이 절에서 제안한 지침은 학생들이 문항을 풀 때 머릿속에서 일어나고 있는 생각을 교사가 정확히 추론할 수 있도록 돕기 위한 것이다.

• **양자택일형 문항을 제작할 때 하나만 만들지 말고 짝을 이루어 만들라.** 양자택일형 문항은 그 진술 내용이 참/거짓과 같이 두 개로 확연하게 구분되는 경우에 가장 잘 적용될 수 있기 때문에, 참을 나타내는 진술문을 반대로 진술하면 당연히 거짓이 되어야 한다. 두 문항씩 짝을 이루어 만들면 한꺼번에 두 문항을 만들 수 있어서 효율적이다. 만약 반대되는 진술문을 만들 수 없다면, 그 문항은 양자택일형 문항으로서 좋은 문항이라고 보기 어렵다. 즉, 한 쌍의 양자택일형 문항은 상호 배타적이어야 하므로, 한 진술문에는 반대 방향의 진술문이 항상 숨어 있다고 할 수 있다. 물론 한 검사에서는 둘 중 하나의 문항만 사용할 수

있으므로 나머지 한 문항은 잘 보관해 두었다가 다음에 사용하면 된다.

• 문항을 대충 읽은 학생은 오답을 선택하도록 문항을 진술하라.　양자택일형 문항이 학생들이 암기한 지식을 확인하는 데 효과적인 유형이라면, 학생들이 정확히 암기할 수 있도록 하는 것이 교사의 책임이자 역할이라고 할 수 있다. 피상적으로 문항을 읽은 학생이 정답을 맞히기 어렵게 문항을 제작하면 학생들은 점차 문항을 주의 깊게 읽게 될 것이다. 다음의 예를 살펴보자.

피상적으로 응답하지 못하도록 문항을 진술한 사례

T / F	대부분의 교사는 학생들의 능력을 향상시키는 데 주된 관심을 가지고 있고, 학생들의 타고난 인지적 능력이 다양하다는 사실을 알고 있으므로, 학생들에게 개별화된 교육 프로그램을 설계한다. (정답: F)

문항 제작자가 '주된'이나, '타고난 인지적 능력이 다양하다'는 식의 그럴 듯한 문구를 사용하게 되면, 깊이 공부하지 않은 학생이나 대충 읽은 학생들은 이 진술문이 참이라고 선택할 가능성이 크다. 그러나 실제 교실에서 일어나는 상황을 생각해 보면 '대부분의' 교사가 '개별화된' 프로그램을 사용하는 것은 아니라는 점을 알 수 있다. 이 지침은 학생들에게 실수를 유발하도록 함정에 빠지게 하라는 것이 아니라, 학생들에게 문항을 주의 깊게 읽고, 깊이 생각해서 응답하는 습관을 기르고자 하는 것임을 기억하자.

• 부정문을 가급적 피하고, 이중부정은 절대 사용하지 말라.　옳고 그름을 선택

하는 문항이나 진위형 문항에서 부정문을 사용하면, 진술문의 정확성을 판단하는 데 불필요한 복잡성을 증가시키게 된다. 다음 사례를 살펴보자.

부정문의 부적절한 사용 사례

T / F	과학 과목에 대한 학생들의 관심이 부족할 경우, 교사들이 이러한 학생들에게 낮은 점수를 주고 싶은 마음이 생기지 않는 경우는 거의 없다. (정답: 알 수 없음)

양자택일형 문항을 제작할 때 부정의 내용이 포함되어야 하는 경우, 부정사나 이중부정, 학생들에게 혼동을 주는 부정 표현의 사용 등은 피하는 것이 좋다.

• **하나의 진술문에는 하나의 개념만 포함시켜라.** 하나의 진술문 안에 두 개의 개념이 포함되는 경우를 생각해 보자. 이 중 하나의 개념은 사실이고 다른 하나는 사실이 아니라면 학생들이 어떤 개념을 기준으로 응답을 해야 할까? 다음에 제시된 문항을 잠시 살펴보자.

두 개의 개념이 포함된 진위형 문항 사례

T / F	오늘날의 프로 테니스 선수들은 첨단 기술이 장착된 라켓을 사용하기 때문에 과거의 선수들보다 공을 서브하는 속도가 훨씬 빠르다. (정답: 참일 수도 있음)

앞에 제시된 진술문에는 테니스 서브가 빨라진 점과 서브가 빨라진 이유라는 두 가지 서로 다른 개념이 존재한다. 두 개념 중 하나만 진실일 수도, 둘 다 진실일 수도 있다.

• 두 범주가 골고루 나올 수 있도록 전체 문항을 구성하라.   20문항짜리 진위형 문항을 구성하는 경우 참인 문항과 거짓인 문항을 정확히 10개씩 만들 필요는 없지만, 두 개의 범주 중 어느 하나가 80~90퍼센트를 차지할 정도로 편중되어서는 안 된다. 또한 교사가 '거짓' 진술을 더 많이 사용한다는 성향이 있다는 점을 학생들이 눈치 채게 되면, 문항의 내용을 전혀 알지 못하는 학생도 '거짓'을 선택해서 맞힐 수 있을 것이다.

• 각 문항의 길이를 비슷하게 하라.   정답에 대해 불필요한 힌트를 주지 않기 위해서는, 거짓 진술문을 짧게 만들고 참인 진술문을 길게 만들지 않도록 주의해야 한다. 대체로 참인 진술문을 반드시 참이 되도록 하기 위해 한정사를 포함함으로써 문항이 길어지는 경향이 있는데, 학생들은 이와 같은 경향을 빨리 알아차리기 때문이다.

2. 연결형 문항

연결형 문항(matching item)은 단어나 구절을 모아 놓은 두 개의 목록으로 구성된다. 피험자는 문항에서 요구하는 방식에 따라, 한 목록을 구성하는 요소와 다른 목록을 구성하는 요소를 연결해야 한다. 대체로 왼쪽에는 전제(premise)에 해당하는 요소가, 오른쪽에는 이와 대응(response)되는 요소가 배치된다. 다음에 제시된 연결형 문항의 사례를 살펴보자.

연결형 문항 사례

응답 요령: A열에 제시된 범주에 속하는 영화 제목을 B열에서 선택하여, 그에 해당하는 문자를 A열의 빈칸에 적으시오. B열에 제시된 영화들은 한 번씩만 선택할 수 있다.

A열: 영화의 범주	B열: Jim이 가장 좋아하는 영화
___ 1. 액션영화 ___ 2. 서부영화 ___ 3. 뮤지컬 영화 ___ 4. 로맨틱 영화	a. 강가딘 b. 미니버 부인 c. 붉은 강 d. 사운드 오브 뮤직 e. 아메리칸 프레지던트
(정답: 1: a, 2: c, 3: d, 4: e)	

---

1) 장점과 단점

양자택일형 문항과 마찬가지로 연결형 문항은 다양한 학습 영역을 효율적으로 다룰 수 있다는 장점을 가지며, 학생들이 사실적 지식을 암기했는지 알아보고자 할 때 가장 잘 활용될 수 있다. 물론 암기에 요구되는 인지적 기능은 높지 않다. 연결형 문항은 학생들이 목록에 제시된 전제와 대응에 관한 지식을 통합하거나 서로 연관 지어 생각할 수 있도록 하는 상황에서 유용하게 사용될 수 있다. 그러나 연결형 문항은 서로 관련성이 있는 개념으로 구성되어야 하기 때문에, 독립적인 개념을 평가하고자 하는 경우에는 적합하지 않다.

2) 문항 제작 지침

연결형 문항을 제작하는 데 필요한 지침은 대부분 별도의 설명이 필요 없을 정도로 자명하다.

• **연결형 문항을 구성하는 항목은 가급적 간략하게 만들고, 짧은 단어나 구절로 된 항목을 오른쪽에 배치하라.** 연결형 문항을 구성하는 전제 요소와 대응 요소가 너무 길면 학생들이 무엇을 찾으려고 했었는지 놓쳐 버릴 수 있다. 그러므로 전제를 구성하는 단어와 구절은 짧아야 하며, 대응 목록에서는 더욱더 짧아야 한다.

• **각 목록을 구성하는 요소를 균질하게 만들라.** 전제 및 대응 목록은 모두 유사한 요소로 구성되어야 한다. 그렇지 않으면 눈치 빠른 학생들이 다른 요소와 구별되어 보이는 요소를 제거함으로써 정답을 찾아낼 가능성이 있다. 예를 들어, 앞서 제시한 영화 관련 문항에서 쿵푸 할로윈 Ⅲ가 대응 목록에 있었다면, 학생들은 이 영화를 선택 가능성에서 손쉽게 배제할 수 있었을 것이다.

• **대응 요소의 수를 전제 요소의 수보다 더 많게 하라.** 연결형 문항에서 전제와 대응의 수가 동일하면, 절반 정도의 관계만 확실히 알더라도 나머지 관계를 추측해서 맞힐 가능성이 크다. 따라서 대응 요소 목록에서 몇 개의 요소를 추가적으로 포함하여 이러한 가능성을 배제할 필요가 있다.

• **대응 요소를 논리적 순서로 배열하라.** 이 지침은 어떤 전제 요소가 어떤 대응 요소와 연결되는지에 대해 불필요한 힌트를 주지 않도록 하기 위해 마련된 것이다. 예를 들어, 연대순이나 '가나다' 순 등과 같이, 대응 요소에 대해 논리

적인 순서 체계를 사용하라. 영화 관련 사례에서는 대응 요소를 '가나다' 순으로 정렬하였다.

• 어떤 규칙에 따라 연결해야 하는지, 그리고 대응 요소가 몇 번 사용될 수 있는지 명시하라.   이 지침을 만족하기 위해서는 학생들이 각 요소를 연결할 때 어떠한 기준으로 연결해야 하는지가 분명히 제시되어야 한다. "오른쪽 목록에 제시된 각 요소는 한 번씩만 사용될 수 있다." 또는 "각 요소는 두 번 이상 사용될 수도 있고, 전혀 사용되지 않을 수도 있다."와 같이 응답 방법을 명시해야 한다.

• 전제 요소와 대응 요소를 모두 한 페이지에 배치하라.   연결형 문항의 목록이 두 페이지에 걸쳐 인쇄될 경우 학생들이 전제 요소와 대응 요소를 연결하기 위해 페이지를 넘겼다 돌아오기를 반복하면서 혼동이 발생할 가능성이 크기 때문에, 반드시 문항을 한 페이지에 배치해야 한다. 이는 시험 시간에 시험장을 조용하게 유지할 수 있는 방법이기도 하다.

3. 선다형 문항

선택형 문항 가운데 가장 보편적으로 사용되는 유형은 단연 선다형 문항(multiple-choice item)일 것이다. 선다형 문항에서는 문제가 진술된 문장이나 부분적으로 완성된 진술문이 먼저 주어진다. 이 부분을 문두(stem)라고 한다. 문두가 제시되고 나면, 답이 될 가능성이 있는 문장이나 단어 등이 보통 세 개 이상 주어지는데, 이를 답지(alternatives) 또는 선택지(options)라고 한다.

선다형 문항은 매우 많이 사용되는 유형이며, 특히 학생들의 답안이 전산으로 채점되는 대규모 검사에서는 더 많이 쓰인다. 최근에는 적당한 가격의 스캔 장비가 보급되면서 교사들이 직접 만든 검사나 상용화된 검사 모두 자동 채점이 가능하게 되었다.

선다형 문항은 몇 가지 형태로 변형하여 사용할 수 있다. 첫 번째는 문두가 직접적인 질문의 형태인지, 불완전한 진술문인지에 따른 변형이다. 두 번째는 학생이 주어진 선택지 중 옳은 것을 선택해야 하는지 아니면 가장 가까운 것을 선택해야 하는지에 따른 것이다. 이와 같은 네 가지 변형 가능성을 다음 두 개의 문항 사례에서 다루고자 한다.

직접적인 질문이 주어진 최선답형 문항 사례

다음 중 금세기 초 미국에서 전기를 공급하는 데 가장 어려움을 겪었던 주는 어디인가?

a. 캘리포니아
b. 캔자스
c. 루이지애나
d. 워싱턴

불완전 문장을 사용한 정답형 문항 사례

오리건 주의 주도는 _____이다.

a. 콜롬비아
b. 포틀랜드
c. 세일럼
d. 새크라멘토

직접적인 질문을 사용하는 선다형 문항은 불완전 문장을 사용하는 선다형 문항에 비해 학생들이 혼동할 가능성이 적으며, 따라서 더 선호되는 편이다. 특히 저학년 학생들은 불완전 문장을 접한 경험이 많지 않기 때문에 더욱더 그러하다. 그리고 일반적으로 '가장 가까운' 것을 고르는 형태의 최선답형 문항(best-answer item)은 '옳음'의 정도를 선택지에서 점진적으로 변화시킴으로써 문항을 더 어렵게 만들 수 있기 때문에 정답형 문항(correct-answer item)에 비해 더 선호된다. 예를 들어, 앞에 제시한 최선답형 문항에서 정답은 a번 캘리포니아다. 피험자들은 이 문제를 풀 때 다른 세 개의 주 중 하나를 선택할 가능성을 모두 생각해 볼 것이다. 워싱턴 주는 수력 발전을 하고, 루이지애나 주는 석유 매장량이 많고, 캔자스는 두 가지 자원 모두 부족하다. 하지만 21세기 초라는 특정 시점에서 최선의 답은 캘리포니아다.

1) 장점과 단점

선다형 문항이 가지는 가장 큰 장점은 인지적 기능이나 지식뿐만 아니라 정의적 특성을 측정하는 데에도 널리 적용될 수 있다는 점이다. 선다형 문항은 다양하게 변형이 가능하다는 특징도 가지고 있다. 선다형 문항의 또 다른 장점은 난이도 수준을 다양하게 변화시키는 것이 가능하다는 점이다. 공들여서 잘 제작한 선다형 문항은 학생들에게 인지적으로 매우 큰 도전이 된다. 대학원 시절 가장 어려웠던 검사 문항은 교육철학 강좌에서 출제된 선다형 문항이었다. 선택지 간 차이가 상당히 미묘했기 때문에 학생들이 굉장히 어렵게 느꼈던 기억이 난다. 물론 다른 선택형 문항에서와 마찬가지로, 선다형 문항의 가장 큰 장점은 채점의 용이성에 있다. 마지막으로 교수적 관점에서 볼 때 선다형 문항의 가장 큰 장점이라면, 학생들이 오답지를 선택했을 때 그 학생이 어떠한 오개념(misunderstandings)을 가지고 있는지 교사들이 파악할 수 있다는 점이다.

선다형 문항의 가장 큰 단점은 학생들이 선택지를 살펴보면서 정답이 무엇인지 고를 수는 있지만 스스로 답을 생성하지는 못할 수도 있다는 점이다. 이러한 점에서 선다형 문항은 학생들의 이해 상태나 능력에 관해 과장된 정보를 제공하며, 이것이 결국 타당하지 않은 추론으로 연결될 수 있다는 단점을 가진다.

다른 선택형 문항과 마찬가지로 선다형 문항 역시 어떤 내용을 창의적으로 종합할 수 있는 능력을 측정하기 어렵다는 단점을 가진다. 마지막으로, 선택지의 개수를 맞추기 위해서 오답지인 것이 거의 확실해 보이는 선택지를 포함시키는 경우가 가끔 있다. 물론 이러한 점은 문항 유형 자체가 가지는 단점이라기보다는 문항 제작자의 잘못이다. 다른 문항과 마찬가지로, 측정하고자 하는 잠재 변인에 대한 특성을 알아내기 위한 도구로서 선다형 문항의 가치는 문항 제작자가 지닌 기량으로부터 나온다. 4지 선다형 문항을 제작하고자 하는 상황에서 두 개 이상의 선택지가 너무 뻔히 보이는 오답지라면, 확률적으로 볼 때 양자택일형 문항과 다를 바 없어진다. 미키 마우스에 대한 다음 예제를 보면, 선택지 중 일부가 실질적으로 오답지로 거의 기능하지 않음을 알 수 있다.

실질적으로 기여하지 않는 오답지를 사용한 사례

미키 마우스의 두 조카의 이름은 무엇인가?

a. 휴이, 듀이, 루이
b. 루이, 듀이
c. 몰티, 페르디
d. 미니

2) 문항 제작 지침

잘 만들어진 선다형 문항은 다른 유형의 문항과 같이 사용됨으로써 교사가 효과적인 평가를 할 수 있도록 하는 데 온전히 기여할 수 있다. 다음에 제시된 지침은 선다형 문항을 제작할 때 교사들이 고려해야 할 점을 정리한 것이다.

• **문두에 제시하는 질문이나 문제는 그 자체로 완전해야 한다.** 학생이 문두를 읽고 나서 정답이나 최선의 답을 택하도록 하기 위해서는 선다형 문항의 문두가 완전해야 한다. 하지만 문항 제작 경험이 많지 않은 초보자들은 문두를 불완전하게 만드는 경우가 가끔 있다. 문두는 문항의 내용을 가능하면 많이 포함하고, 선택지는 가급적 짧게 만드는 것이 좋다.

• **부정형 진술을 가급적 피하라.** 양자택일형 문항에서도 언급한 바 있듯이, 부정형으로 진술된 문항은 학생들에게 불필요한 혼동을 가져올 수 있다.

• **모든 선택지는 문두와 문법적으로 일관되어야 한다.** 제5장에서 문항 제작에 걸림돌이 되는 요소를 설명할 때, 의도하지 않은 단서를 제공해서는 안 된다고 강조한 점을 기억할 것이다. 다음 예를 보면, 선택지 중 세 개가 문법적으로 맞지 않음에 따라 학생들에게 불필요한 단서를 제공하고 있는 것을 알 수 있다.

의도하지 않은 단서를 제공한 사례

미 연방 정부에서 법률의 집행에 최고의 권력을 행사하는 사람들은 누구인가?

a. 대통령
b. 부통령
c. 하원 대변인
d. 대법원의 대법관들

• **모든 선택지를 그럴듯하게 만들되, 그중 하나는 논쟁의 여지없이 옳거나 가장 최선의 답안으로 만들라.** 선다형 문항의 단점에 관해 기술하면서 이미 언급한 바 있지만, 교사들이 정답의 가능성이 적어 보이는 선택지를 한두 개 넣게 되면 문항으로서의 가치가 현저히 떨어지게 된다. 또한 두 개의 선택지를 아주 유사하게 만들어서 복수 정답 가능성에 대한 논란을 제기하기보다는 선택지 중에서 가장 옳은 답지를 하나만 만드는 것이 매우 중요하다.

• **전체 검사에서 정답의 위치를 무작위로 배치하여 각 선택지가 정답이 될 확률이 동일하게 하라.** 교사들은 정답인 선택지를 너무 빨리 학생들에게 내보이는 것을 꺼려하는 경향이 있기 때문에, 선다형 문항의 정답이 보통 C나 D에 몰리는 경우가 많다. 학생들은 이러한 경향을 금세 알아챈다. 따라서 선택지가 네 개인 문항이라면 검사 전체로 볼 때 각 선택지에 약 4분의 1씩 정답을 배분하는 것이 좋다.

• **'위에 제시된 선택지 모두'라는 선택지는 사용하지 말라.** 하지만 '위에 제시된 선택지 중에는 답 없음'이라는 선택지는 문항을 어렵게 만들기 때문에 사용해도 좋

다. 학생들은 문항에서 둘 이상의 정답을 고르도록 할 때 혼동하는 경향이 있다. 학생들은 대체로 한 선택지가 정답이라고 생각하면 다음에 오는 선택지 중에 다른 정답이 있을 거라고 생각하지 않고 곧바로 그 선택지를 선택해 버린다. '위에 제시된 선택지 모두'라는 선택지를 사용하는 것은 바람직하지 않지만, 수학과 같은 과목에서 서너 개의 오답을 제시한 다음 '위에 제시된 선택지 중에는 답 없음'이라는 선택지를 제시함으로써 문항을 더 어렵게 만들 수 있다.

4. 선택형 문항과 교수학습

지금까지 이 책을 읽으면서 여러분은 교사가 학생들에게 검사를 실시하는 것이 교육에서 다루는 다양한 변인과 관련된 학생의 잠재적인 상태를 파악하기 위함이라는 점을 알게 되었을 것이다. 대개의 경우 하나의 문항 유형만으로는 학생의 상태에 대해 타당한 추론을 하는 데 충분하지 않다. 따라서 필자는 교사들이 여러 가지 유형의 문항을 사용하여 교육목표를 구체화하기를 바란다. 학생들의 교육목표에 대한 숙달 정도가 다양한 방식으로 표출되도록 하기 위해서 교사는 학생들의 숙달 수준이 일반화 가능하도록 가르칠 필요가 있으며, 이러한 숙달 정도는 선택형이나 구성형 문항과 같은 다양한 유형의 문항을 통해 파악할 수 있을 것이다. 중요한 것은 학생들이 상위 학년으로 올라가거나 남은 인생을 통해서 다양한 상황에 일반화할 수 있는 지식과 기능을 계발하는 것이다.

수업중심 평가를 위한 팁

- 양자택일형 문항, 연결형 문항, 선다형 문항의 장점과 단점을 숙지한다.
- 교실 평가에서 다양한 유형의 선택형 문항을 사용하고 있다면, 각 유형별 문항을 제작하는 데 경험적으로 축적된 여러 가지 지침에 따라 개발한다.

 추천 참고문헌

Haladyna, T. M. (1999). *Developing and validating multiple-choice test items* (2nd ed.). Mahwah, NJ: Lawrence Erlbaum Associates.

Linn, R. L., & Gronlund, N. E. (2000). *Measurement and assessment in teaching* (8th ed.). Upper Saddle River, NJ: Merrill.

McMillan, J. H. (2001). *Classroom assessment: Principles and practice for effective instruction* (2nd ed.). Boston: Allyn & Bacon.

Northwest Regional Educational Laboratory. (1991). *Paper-and-pencil test development* [Videotape]. Los Angeles: IOX Assessment Associates.

Popham, W. J. (Program Consultant). (1996). *Creating challenging classroom tests: When students SELECT their answers* [Videotape]. Los Angeles: IOX Assessment Associates.

Popham, W. J. (2002). *Classroom assessment: What teachers need to know* (3rd ed.). Boston: Allyn & Bacon.

Stiggins, R. J. (Program Consultant). (1996). *Common sense paper and pencil assessments: A professional development video* [Videotape]. Portland, OR: Assessment Training Institute.

구성형 문항

이 장에서는 구성형 문항 유형 중 가장 보편적으로 사용되는 두 가지 유형인 단답형 문항과 논술형 문항에 대해 살펴보도록 한다. 먼저 이 두 가지 문항 유형의 장점과 단점을 논의한 후, 각 유형에 해당하는 문항을 제작하는 데 적용할 수 있는 지침을 간단히 제시하고자 한다. 이어서, 논술형을 포함한 다양한 구성형 문항에 대한 학생들의 응답을 평가하고 채점하는 방법을 다룬다. 특히 학생들의 응답을 평가할 뿐만 아니라 학생들이 응답하는 방법을 가르치는데 채점 루브릭(rubric)이 어떻게 활용될 수 있는지 살펴본다. 마지막으로, 특별한 형태의 구성형 평가로서 최근에 주목받고 있는 수행 평가와 포트폴리오 평가에 대해 살펴본다.

1. 구성형 평가의 장점과 단점

구성형 문항의 주요 장점은 학생으로 하여금 미리 정해진 답지로부터 응답을 선택하게 하는 것이 아니라 응답을 생성하도록 하는 데 있다. 일반적으로 주어진 답지 중 하나를 선택하는 것보다 응답을 직접 생성하는 것이 더 복잡하고 어렵다. 주어진 답지 중에서 요행으로 정답을 선택한 학생들에게 답지를 주지 않고 답을 직접 쓰도록 하면 전혀 정답을 쓰지 못할 수도 있다. 한마디로 구성형 문항은 검사 응시자들에게 더 도전이 되는 과제다. 학생이 어떤 개념에 대한 이해에 기초하여 응답을 구성하기 위해서는 그 개념을 충분히 이해해야 하므로, 구성형 문항에 대한 응답을 통해 학생의 숙달 수준을 추론하는 것이 선택형 문항에 대한 응답을 통해 추론하는 것보다 더 타당성이 높다고 할 수 있다.

단점이 있다면, 구성형 문항에 대한 응답은 채점하는 데 시간이 더 걸릴 뿐만 아니라 정확하게 채점하는 것도 어렵다. 사실, 구성형 문항에서 제시된 과제가 더 복잡할수록 채점의 어려움은 더 커진다. 한 단어로 응답하는 단답형 문항에 대한 학생의 응답을 정확하게 채점하는 것은 교사에게 별로 어려운 일이 아니지만, 1,000단어로 응답하는 논술형 문항에 대한 응답을 정확하게 채점하는 것은 결코 쉽지 않은 일이다. 교사에 따라서는 논술형 문항을 너무 관대하거나 엄하게 채점할 수 있다. 게다가, 만약 한 달 후에 동일한 논술문을 다시 평가하게 된다면 아주 다른 점수를 부여할지도 모른다.

참고로, 십여 년쯤 전에 미국의 일부 주에서는 다수의 구성형 문항을 포함하는 대규모 검사를 제작한 적이 있다. 그 주들은 이러한 검사를 채점하는 데 비용이 많이 든다는 것을 곧 알게 되었다. 구성형 문항의 응답을 채점하는 데에는 전자 기계뿐만 아니라 많은 인력이 필요하기 때문이다. 이러한 상당한 비용 때문에, 오늘날 대부분의 대규모 검사는 선택형 문항을 주로 사용한다. 그러나 근래에 개발되는 검사에서도 소수의 구성형 문항을 여전히 발견할 수 있다.

구성형 문항을 사용하는 데는 분명 플러스적인 면도 있고 마이너스적인 면도 있다. 따라서 교사는 구성형 문항의 장단점을 고려하여, 자신이 제작한 검사에 구성형 문항을 많이 포함할지, 조금 포함할지, 아니면 전혀 포함하지 않을지를 결정해야 한다. 구성형 문항을 채점하는 데 훨씬 더 많은 시간을 투자해야 하는 것은 사실이다. 그럼에도 불구하고, 나는 교사가 구성형 문항을 사용함으로써 학생의 숙달 수준에 대해 더 타당한 추론을 할 수 있다는 점을 강조하고 싶다. 이 장의 후속 절에서 채점 루브릭에 관해 다룰 때, 나는 교사와 학생 모두에게 교육적으로 큰 도움이 될 수 있도록 구성형 문항과 그 채점 방법을 개념화하는 것이 가능하다는 점을 제시할 것이다. 학생이 높은 수준의 인지적 기능을 습득하기를 원하는 교사라면, 적어도 검사의 일부는 구성형 문항을 사용해야 할 것이다.

이제 가장 보편적으로 사용되는 두 가지 구성형 문항인 단답형 문항과 논술형 문항을 하나씩 자세히 살펴보자.

2. 단답형 문항

단답형 문항은 학생으로 하여금 직접 질문(direct question)이나 불완전 진술문(incomplete statement)에 대한 응답으로 한두 개의 단어, 구절, 혹은 문장을 써 넣도록 하는 형식이다. 단답형 문항과 논술형 문항의 차이점은 학생들이 써 넣어야 할 응답의 간결성 여부에 있다고 할 수 있다.

1) 장점과 단점

다른 모든 구성형 문항과 마찬가지로, 단답형 문항의 한 가지 장점은 주어진 선택지에서 응답을 고르는 대신 학생 스스로 응답을 산출하게 한다는 것이다. 학생이 직접 쓴 답변은 어떤 개념을 학생이 올바로 이해하고 있는지 아니면 교사가 의도한 것과 다르게 개념화하고 있는지를 드러냄으로써 한 개념에 대한 학생의 이해 상태에 대해 많은 것을 알려 준다. 단답형 문항의 또 다른 장점은 효율성에 있다. 학생들은 비교적 빨리 응답할 수 있고, 교사들은 학생들의 답안을 비교적 쉽게 채점할 수 있다. 따라서 양자택일형 문항이나 연결형 문항과 마찬가지로, 교사는 단답형 문항을 사용하여 많은 양의 내용을 포괄하는 검사를 제작할 수 있다. 예를 들어, 학생들이 25개의 전문 용어에 대한 의미를 알고 있는지 평가하고자 하는 중학교 사회 교사는 각 단답형 문항에서 한 용어의 정의를 제시하고서 학생들로 하여금 그 용어의 명칭을 써 넣게 할 수 있을 것이다. 반대로, 용어를 주고 학생들에게 그 용어의 정의를 쓰도록 할 수도 있지만, 이럴 경우 학생들의 응답은 '간결성' 요건을 만족시키지 못하게 된다.

물론, 정의를 쓰도록 하는 문항이라 해도 여전히 단답형 문항으로 간주될 수 있다. 응답의 길이가 길어질수록 검사 시간은 더 길어질 것이다. 그러나 그 응답으로부터 더 많은 것을 밝힐 수 있다. 각 문항에 한 단어로 응답하는 25개 문항의 어휘력 검사를 실시하는 데에는 10분이 걸릴 수 있지만, 25개 용어의 완전한 정의를 묻는 검사는 30분이 걸릴 수도 있다. 그러나 용어의 완전한 정의를 묻는 검사를 통해 학생의 어휘 지식을 측정하게 되면, 학생들은 용어의 단순한 암기보다는 이해를 추구하면서 공부하게 되고, 결과적으로 그 용어를 더 깊이 이해할 수 있게 될 것이다. 그러므로 짧게 응답하는 방식의 단답형 문항은 넓은 범위의 교육 내용을 포괄하는 데에는 효과적이지만 학생의 사고능력을 촉진하는 데에는 한계가 있다고 할 수 있다.

이와 같이, 단답형 문항의 한 가지 단점은 양자택일형 문항처럼 학생들이 사실적 정보를 암기하도록 할 수 있다는 점이다. 교사들은 학생들의 인지적 수준을 향상시키는 데 부적합한 평가 방법을 사용하는 것을 경계해야 한다. 단답형 문항이 시간의 효율성이나 내용의 포괄성 측면에서는 이점을 가질 수 있지만, 학생들에게 부여되는 인지적 도전이라는 측면에서는 한계가 있다는 점을 기억하고 여러 평가 방법 간에 균형을 유지해야 한다.

게다가, 단답형 문항은 논술형 문항보다 채점하기가 더 쉽지만 선택형 문항에 비해서는 정확하게 채점하기가 훨씬 더 어렵다. 가령 학생의 응답에 교사가 생각한 것과 약간 다른 단어나 구절이 사용되었다고 하자. 만약 그 학생의 응답이 교사가 '선호하는' 응답과 정확히 동일하지 않다면, 그 학생은 맞힌 것인가 틀린 것인가? 맞춤법도 문제가 될 수 있다. 만약 "1492년에 아메리카 대륙에 첫발을 디딘 사람은 누구인가?"라는 질문에 대해 어떤 학생이 "Columnbus"라고 답했다면 이것은 정답인가 오답인가? 이와 같이 가장 기초적인 형태에서조차 구성형 문항은 교사들에게 사소하지 않은 채점상의 난제를 부여한다.

2) 문항 제작 지침

이전 장에서와 마찬가지로, 여기서는 아주 간단한 문항 제작 지침만 제시하고 있다. 좋은 단답형 문항을 제작하는 방법에 관해 더 자세히 알고 싶은 독자는 이 장의 마지막에 실려 있는 문헌을 참고하기 바란다.

• **불완전 진술문보다는 직접 질문을 선택하라.**   단답형 문항을 작성할 때 불완전 진술문을 사용하지 않고 직접적인 질문의 형식으로 작성하면, 학생들, 특히 유치원에서 초등학교 3학년까지의 어린 아동들의 혼동을 줄일 수 있다. 교사가 불완전 진술문을 작성할 때는 한 가지 답을 염두에 두고 작성하지만 불완전 진술문의 모호성 때문에 학생들은 그 답과 아주 다른 여러 가지의 답을 떠올리는 경우가 많다.

• **간결하면서도 고유한 정답을 가지도록 문항을 구조화하라.**   단답형 문항의 답이 간결하면서도 고유한 답이 되도록 하려면 문항 제작 시 상당한 언어적 기

교가 필요하다. 이 점을 분명히 나타내고자 다음에 예시 문항을 제시하였다. 첫 번째 문항은 학생들로부터 다양한 답을 유도할 가능성이 높은 반면, 두 번째 문항은 교사가 염두에 두고 있는 답과 다른 답을 도출할 가능성이 훨씬 적다.

지나치게 개방적인 구성

일반적인 진리(truth) 혹은 원리(principle)를 의미하는 단어는 무엇인가?
(정답: Maxim 혹은 truism? Aphorism? Axiom? Adage?)

적당히 제한된 구성

일반적인 진리(truth) 혹은 원리(principle)를 의미하며, 특히 경구적이거나 금언적인(aphoristic or sententious) 진리를 나타내는 단어는 무엇인가?
(정답: Maxim)

두 번째 문항에 대해 부연하자면, 이 문항은 정답의 범위를 적당히 제한하고 있다는 점에서는 바람직하지만, 제5장에서 제시한 바 있는 '어려운 용어의 사용'과 관련된 문항 제작 지침을 위반하고 있다. '금언적인(sententious)' 혹은 '경구적인(aphoristic)'이란 단어는 평소에 거의 사용되지 않는 단어다. 문항 제작 시 하나의 지침을 따르다 보면 다른 지침을 위반하게 되는 경우가 종종 발생한다. 물론, 전혀 지침을 위반하지 않도록 진술하는 것이 문항 제작의 기술이다. 그러나 때로 이것은 거의 불가능하다. 죄 없는 세상에서 살 수는 없지만, 적어도 죄를 적게 지으려고 노력해야 한다는 것과 같은 이치다. 문항 제작에서도 가능한 한 문항 제작 지침을 적게 위반하도록 노력해야 한다.

• 불완전 진술문에서는 응답 빈칸을 문장의 끝부분에 두고, 직접 질문에 대해서는 가장자리에 두라. 불완전 진술문으로 단답형 문항을 제작하고자 하면, 응답 빈칸(response blanks)을 문장의 끝부분에 두도록 해야 한다. 빈칸을 문두에 두게 되면 학생들이 혼란을 겪을 수 있다. 직접 질문의 경우, 빈칸을 가장자리에 두면 학생들의 응답을 보다 효율적으로 채점할 수 있는 이점이 생긴다. 응답을 이리저리 찾을 필요 없이 가장자리에서 바로 찾을 수 있기 때문이다.

• 불완전 진술문의 경우 응답 빈칸을 한두 개로 제한하라. 불완전 진술문에 지나치게 많은 빈칸을 두게 되면 학생들은 도대체 어떻게 응답해야 할지 이해할 수 없게 된다. 검사 개발자들은 이처럼 여러 개의 빈칸을 포함하고 있는 문항을 '스위스 치즈(Swiss Cheese)' 문항이라고 부른다. 학생들이 다음 예시 문항에 어떻게 응답할지를 생각해 보라.

스위스 치즈 문항

(   )와(과) 그의 동료인 (   )은(는) 십 년간의 엄청나게 힘든 노력 끝에, (   )년 마침내 (   )을(를) 만드는 방법을 발견했다.
(정답: ???)

• 응답 빈칸의 길이를 모두 동일하게 하라. 초보 문항 제작자는 정답과의 일치성을 높이기 위해 응답 빈칸의 길이를 각각 다르게 제시하는 경우가 있다.

응답 빈칸의 길이를 다르게 하는 것이 외관상으로는 더 나아 보일 수 있지만, 학생들이 정답을 추측하는 데 불필요한 단서가 될 수 있다. 학생들에게 의도하지 않은 정답의 실마리를 주지 않기 위해서는 빈칸의 길이를 항상 동일하게 해야 한다.

• 응답 공간을 충분히 제공하라.   단답형 문항이므로 짧은 답을 유도하는 것이 중요하지만, 학생들이 생각하는 단어나 구절을 적을 수 있도록 충분한 공간을 제공해야 한다. 학생들의 글씨 크기를 고려하는 것도 잊지 말아야 한다. 가령 2학년 학생들은 9학년 학생들보다 대체로 더 많은 응답 공간을 필요로 할 것이다.

3. 논술형 문항

논술형 문항은 기원전에 소크라테스가 플라톤에게 그리스 식의 민주주의를 500단어 이상으로 설명하라고 했을 때 사용한 문항 유형이었다고 할 정도로 오랫동안 사용되어 온 유형이다. 우리가 플라톤이 당시에 썼던 에세이를 보았다면, 그가 쓰기 표현 능력(written communication)과 관련한 내용기준뿐만 아니라 민주주의와 관련된 사회교과의 내용기준도 숙달했음을 알 수 있을 것이다. 논술형 문항이 이처럼 오랫동안 학교 교실에서 존속할 수 있었던 한 가지 이유는 다양한 교과 목표에 대한 학생들의 숙달을 측정하는 데 유연하게 사용될 수 있다는 점 때문이다.

1) 장점과 단점

　평가 기법으로서 논술형 문항은 아주 고차원적 수준의 학습 유형을 측정하는 데 훌륭한 역할을 수행한다. 만약 여러분이 고등학교 생물 교사라고 하자. 학생들이 생명의 기원에 대한 두 가지 학설인 창조론과 진화론을 대비하여 논리적으로 분석하도록 하는 것을 목표로 한다면, 논술형 문항을 통해 적어도 인지적인 측면에서는 생명의 기원과 관련된 복잡한 이슈를 깊이 있게 생각해 보도록 할 수 있다.

　또한 논술형 문항은 학생들이 작문 능력을 선보일 수 있는 좋은 기회가 된다. 사실 20년 넘게 미국 학생들에게 실시되어 온 대부분의 주 단위 검사는 학생들에게 특정 주제를 주고 자신의 생각이 담긴 설득적 논술(persuasive essay)이나 서술적 논술(narrative essay)을 작성하도록 하는 경우가 많았다. 작문 샘플(writing sample)이라고도 불리는 이와 같은 논술형 과제는 교사들의 작문 수업 방식을 변화시키는 데 주된 역할을 해 왔다.

　그러나 논술형 문항은 현실적으로 두 가지 단점을 가지고 있다. 첫째는 학생들의 논술을 채점하는 데 시간이 많이 소요된다는 점, 둘째는 채점이 부정확할 가능성이 있다는 점이다. 교사가 학교에서 실시하는 논술형 문항에서는 채점 시간이 많이 소요되는 문제를 해결하기 어렵다. 그러나 대규모 평가에서는 최근 학생들의 논술 응답을 전자식으로 스캔하고 채점하는 것에 대한 연구가 많이 수행되면서 '컴퓨터기반 논술 채점'의 시대가 점차 현실화되고 있다. 두 번째로 '부정확한 채점' 문제는 주 단위 및 국가 단위 검사에 포함된 논술을 채점하면서 축적한 노하우를 바탕으로 충분한 자원과 잘 훈련된 채점 인원을 투입한다면 상당 부분 해결 가능하다. 그리고 후속 절에서 자세히 다루겠지만, 채점 루브릭을 사용함으로써 학교 교사들도 논술 채점을 더 정확하게 수행할 수 있게 되었다. 그러나 논술형 문항에서는 문항을 통해 평가하고자 하는 교과 목표

의 달성 정도와 작문 능력이 혼재될 수 있는 난점이 있다. 예를 들어, 어떤 학생
은 내용을 알지만 자신의 생각이나 지식을 글로 잘 표현하지 못하는 반면, 내용
은 잘 알지 못하지만 아주 능숙한 글로 아는 것처럼 가장할 수 있는 학생도 있
다. 채점 루브릭은 우리가 학생의 능란한 작문 능력에 현혹되어 그 학생의 지식
이나 기능에 대해 잘못 추론하는 것을 방지할 수 있는 한 가지 방법이다.

2) 문항 제작 지침

교사들이 논술형 문항을 제작할 때 따라야 할 지침 다섯 가지를 제시하면
다음과 같다.

• 학생들이 작성해야 할 과제가 분명히 한정되도록 문항을 구조화하라.   교사
가 추구하는 응답에 대해 학생들이 어떠한 의문도 갖지 않도록 논술형 문항을
진술해야 한다. 문항 진술의 모호성을 제거하기 위해서는 상세하게 진술하는
것이 좋다. 다음의 두 문항을 살펴보자. 첫 번째 문항은 검사 응시자에게 불확
실성을 남길 여지가 크며, 그 결과 문항 제작자가 측정하고자 하는 특정한 교
육 변인에 관해 어떠한 증거도 제공하지 못할 것으로 보인다.

매우 모호한 문항

유럽의 청년단(youth groups)에 관해 논하라.

명쾌하게 한정된 문항

1930년대 나치 독일의 통치자들이 나치의 정치적 위치를 공고히 하기 위해 히틀러 청년 운동(Hitler Youth Movement)을 어떻게 이용했는지를 400~600단어로 기술하라.

• 각 문항에 대해 배점, 응답 길이 및 할당 시간을 명시하라. 이 지침의 의도는 학생들이 논술형 문항에 적절하게 응답하는 데 필요한 정보를 제공하고자 하는 것이다. 학생들이 어떻게 응답해야 할지에 대해 더 명확하게 파악할수록 교사의 출제 의도와 터무니없이 동떨어진 응답을 할 가능성은 더 낮아질 것이다. 다음 문항은 학생들에게 문항에서 요구하는 바를 구체적으로 명시할 수 있는 한 가지 방법을 예시하고 있다.

적절한 수준의 구체성

지구 온난화 문제에 관해 미국이 취해야 할 적절한 통제 정책은 무엇이라고 생각하는가? 자신이 생각하는 정책이 실행될 경우 일어날 수 있는 구체적인 활동을 적어도 두 개 포함하여 응답하라. (배점: 20점, 길이: 200~300단어, 예상 응답 시간: 20분)

• 긴 응답을 요구하는 소수의 문항을 사용하기보다는 짧은 응답을 요구하는 다수의 문항을 사용하라. 이 지침의 의도는 논술형 문항을 사용하는 검사의 내용 대표성(content sampling)을 향상하고자 하는 것이다. 검사에 한두 개의 논술

형 문항을 포함해서는 학생들이 숙달한 내용과 숙달하지 못한 내용을 제대로 파악하지 못할 것이다. 가령 학생이 3문항으로 구성된 논술형 검사에서 한 문항에 대한 내용을 제대로 공부하지 않았다면, 그 시험의 3분의 1은 이미 포기된 것으로 보아야 할 것이다.

• 여러 개의 문항 중에서 일부를 선택하여 응답하게 하지 말라.   교사들은 수업에서 학생들에게 선택권을 부여할 때 수업에 더 적극적으로 참여하는 경향이 있다고 생각하기 때문에, 검사에서도 학생들이 문항을 선택할 수 있도록 하는 것을 좋아한다. 그러나 학생들이 여러 개의 논술형 문항 중에서 일부를 선택하게 되면, 서로 다른 검사를 실시하는 결과가 되어 검사 점수를 비교하기 어렵게 된다. 이러한 이유 때문에 나는 학생들의 문항 선택을 허용하지 않는 시험을 사용할 것을 권장한다. 교사가 하나의 교과 목표에 대한 숙달을 평가하기 위해 '난이도가 동일한' 문항을 둘 이상 개발하는 것은 이론적으로는 가능하다. 그러나 실제로 난이도가 동등한 둘 이상의 구성형 문항을 제작하는 것은 매우 어렵다. 난이도가 다른 문항을 사용하게 되면 학생들은 비교 불가능한 시험에 응시하는 결과를 낳는다.

• 검사 전에 문항에 대한 시응답(trial response)을 작성함으로써 문항의 질을 스스로 점검하라.   논술형 문항이 교사가 원하는 응답을 정말 이끌어 낼 것인지를 판단하는 좋은 방법은 학생의 입장이 되어 그 문항에 대한 응답을 실제로 작성해 보는 것이다. 종이에 응답을 적는 대신 머릿속에서 응답을 작성해 보는 것으로도 그만한 효과를 볼 수 있다.

4. 채점 루브릭의 올바른 제작

구성형 문항, 특히 논술형 문항의 한 가지 중대한 단점은 채점의 부정확성이라는 것을 앞서 지적하였다. 그러나 잘 제작된 루브릭은 그러한 단점을 교정하는 데 큰 도움이 된다. 그리고 더 중요한 점은 올바로 제작된 루브릭을 통해 교사들은 훨씬 더 효과적으로 가르칠 수 있고 학생들은 훨씬 더 효과적으로 배울 수 있다는 것이다. 요컨대, 채점 루브릭은 정확한 평가를 하는 데 도움이 될 뿐 아니라 효과적인 교수에도 도움이 된다는 이점을 가진다. 그러나 명심해야 할 것은 모든 루브릭이 다 좋은 것은 아니라는 점이다. 훌륭한 루브릭도 있지만, 사용하기에 부적합한 루브릭도 있다. 교사는 이 차이를 구별할 수 있어야 한다.

1) 채점 루브릭

루브릭은 구성형 문항의 채점을 돕기 위해 제작된 채점 가이드(scoring guide)다. 일부 독자는 왜 측정 분야의 전문가들이 '채점 가이드'와 같이 직관적으로 쉽게 이해할 수 있는 용어를 사용하지 않고 '루브릭'이란 난해한 용어를 사용하는지 의문을 가질 것이다. 다른 모든 분야의 전문가가 그러하듯이 측정 분야의 전문가들도 자신들만의 특별한 용어를 가지길 원했기 때문이 아닐까 한다.

모든 루브릭에서 가장 중요한 요소는 루브릭의 평가 준거(evaluative criteria)다. 평가 준거는 채점자가 학생이 한 응답의 질을 평가할 때 고려하는 요인이다. 예를 들어, 글의 조직(organization)이 하나의 평가 준거가 될 수 있다. 평가 준거는 모범적인 응답과 그렇지 못한 응답을 구별하는 초석이 되기 때문에 모든 루브릭의 핵심이다.

    루브릭의 두 번째 중요 요소는 각 평가 준거에 따라 구별되는 학생 응답의 여러 질적 수준에 대한 정의(quality definitions)다. 즉, 각 평가 준거에 대해서 어떤 응답이 낮은 평점을 받고 어떤 응답이 높은 평점을 받을 것인지에 관해 상세히 진술한 것을 의미한다. 예를 들어, '글의 조직'이라는 평가 준거의 질적 수준에 대한 정의에는 잘 조직된 글의 구조와 수준에 못 미치는 글의 구조가 무엇인지를 상세히 담고 있을 것이다. 이와 같이 질적 수준을 정의하는 목적은 루브릭의 평가 준거가 잘못 이해될 가능성을 줄이는 데 있다.

    마지막으로, 루브릭은 채점자가 루브릭의 평가 준거와 질적 수준에 대한 정의를 어떻게 사용해야 하는지를 설명하는 채점 전략(scoring strategy)을 담고 있어야 한다. 채점 전략에는 총체적(holistic) 채점 전략과 분석적(analytic) 채점 전략이라는 두 가지 주요한 접근 방식이 존재한다. 총체적 접근 방식의 경우, 채점자는 모든 평가 준거를 통합적으로 고려하여 학생의 응답이 모든 평가 준거를 얼마나 잘 충족시키는지에 대해 전반적인 평가를 내린다. 대조적으로, 분석적 채점 전략은 채점자로 하여금 평가 준거 각각에 대해 학생 응답의 질적 수준을 개별적으로 평가하게 한 후 기준별 평점을 통합하여 하나의 최종 점수를 산출하도록 한다. 이때 최종 점수는 미리 정해진 공식에 따라 산출하게 된다.

    루브릭이 가장 널리 사용되는 경우는 학생들의 작문 샘플을 채점할 때다. 대규모 채점 작업은 시간과 비용의 효율성이라는 측면에서 총체적 채점 방식이 선호되는 경우가 많다. 그러나 분석적 채점은 학생의 수행을 평가 준거별로 평가하기 때문에 진단적 성격이 더 강하다. 미국의 일부 주에서는 학생들의 작문 샘플을 채점하는 데 드는 비용을 낮추기 위해, 1차 채점은 총체적 방식으로 하고 낙제점을 받을 가능성이 높은 응답에 대해서는 분석적 채점을 다시 실시하는 경우가 있다.

    미국 교사들이 사용한 초기의 루브릭은 학생들의 작문 샘플에 대한 채점 작업을 돕기 위해 만들어졌다. 교사들이 사용하는 루브릭 간에는 분명히 질적 차이가 있었지만, 거의 대부분이 별 문제 없이 적용되었다. 루브릭이 사용되면서 여러 명의 채점자가 동일한 작문 샘플을 채점할 때 유사한 평점을 산출할 수 있게 되었을 뿐만 아니라, 루브릭의 평가 준거는 교수적으로도 유용하게 사용되었다. 사실, 학생들이 작문 샘플 루브릭에 포함된 평가 준거에 익숙해진다는 것은 자신의 작문과 학급 친구들의 작문을 수업의 한 구성 요소로서 평가할 수 있음을 의미했다.

오늘날, 대부분의 작문 샘플 루브릭은 정확한 채점과 성공적인 교수학습 활동에 크게 기여하고 있다. 그러나 안타깝게도, 모든 루브릭이 이러한 두 가지 이점을 지닌 것은 아니다.

2) 부적합한 루브릭의 유형

루브릭을 잘못 만들면 평가의 정확성을 높이는 데에나 효과적인 교수를 할 수 있도록 돕는 데에 전혀 도움이 되지 않는다. 이처럼 부적합한 루브릭에는 과제-특수적 루브릭(task-specific rubric), 너무 일반적인 루브릭(hypergeneral rubric), 과도하게 상세한 루브릭(dysfunctionally detailed rubric)의 세 가지 유형이 있다. 각 유형의 명칭은 그 루브릭이 기술하고 있는 평가 준거의 특징을 고려하여 붙인 것이다. 각 루브릭이 어떤 결함을 가지고 있는지 자세히 살펴보자.

• **과제-특수적 루브릭**   이 유형의 루브릭에 기술된 평가 준거는 과제를 통해 측정하고자 하는 기능(skill) 중심으로 서술된 것이 아니라 학생이 수행해야 할 특정 과제(task)를 중심으로 서술되어 있다. 예를 들어, 과학 수업에서 중추적 기능의 하나는 어떤 과학적 현상의 진행 과정을 이해하고 설명하는 능력

일 것이다. 진공 보온병이 작동하는 원리를 설명하도록 하는 과학 시험의 논술형 문항에 대해 과제-특수적인 루브릭을 만들게 되면, 이 루브릭에 제시된 평가 준거는 그 특정 과제에 대한 응답을 채점하는 데에만 도움이 될 것이다. 평가 준거가 특정 과제에만 집중하고 있기 때문에, 측정하고자 하는 인지적 기능을 표상하는 다른 과제에 대한 학생의 응답을 평가하는 데는 사용되기 어렵다. 과제-특수적 루브릭은 교사의 수업에도, 학생들의 학습에도 도움이 되지 않는다. 이러한 루브릭은 특정 과제에만 특수하게 사용할 수 있는 것이다.

• **너무 일반적인 루브릭**　두 번째 유형의 루브릭은 그 평가 준거가 너무 일반적이어서, 루브릭을 통해 알 수 있는 것은 "좋은 응답은 좋고, 나쁜 응답은 나쁘다."와 같이 매우 일반적인 정보일 뿐이다. 일례로, 최근 나는 '탁월한' 응답의 수준을 기술하는 데 '제시된 과제에 대해 명료하고 완전한 글을 사용하여 정확하게 작성한 응답'과 같이 너무 일반적으로 기술하고 있는 루브릭을 많이 보았다. 이러한 루브릭은 교사들과 학생들에게 A~F 학점이 일반적으로 의미하는 것 이상의 구체적인 정보를 거의 제공하지 못한다. 너무 일반적인 루브릭은 교사의 수업에도, 학생의 학습에도 도움이 되지 않는다. 이러한 루브릭은 너무 일반적인 정보만 주기 때문이다.

• **과도하게 상세한 루브릭**　마지막으로, 여러 개의 평가 준거를 가지되, 각 평가 준거가 지극히 상세한 질적 수준에 대한 정의를 기술하고 있는 루브릭이 있다. 이러한 유형의 루브릭은 내용이 너무 상세하고 길이가 지나치게 길다. 루브릭에 기술된 내용을 샅샅이 살펴볼 만큼 인내력과 시간을 가진 교사와 학생은 소수에 불과하기 때문에, 결과적으로 교사의 수업이나 학생의 학습에 도움이 되지 않는다.

3) 바람직한 루브릭: 기능중심 루브릭

구성형 문항을 정확하게 평가하고 이를 바탕으로 교수적 효과를 얻기 위해서는 그 검사가 측정하고자 하는 기능에 초점을 둔 루브릭이 필요하다. 기능중심 루브릭의 좋은 예는 미국 학생들의 작문 샘플을 채점하기 위해 사용되던 초기 루브릭에서 찾을 수 있다. 잘 제작된 기능중심 루브릭은 다음과 같은 특징을 가지고 있다.

• 바람직한 루브릭은 적정한 수의 평가 준거만을 포함해야 한다. 기능중심 루브릭은 학생들의 수행을 평가하는 데 사용되는 가장 중요한 평가 요소만을 포함해야 한다. 그렇게 되면 교사와 학생들은 큰 부담 없이 적정한 수의 중요한 평가 준거에 초점을 맞추어 평가할 수 있을 것이다.

• 바람직한 루브릭은 학생들에게 가르친 내용을 반영해야 한다. 교사는 학생들이 중요한 기능을 숙달하도록 가르쳐야 한다. 따라서 잘 제작된 기능중심 루브릭이라면 "이 평가 준거를 사용하여 내가 가르치고 있는 기능의 숙달 정도를 학생들 스스로 평가할 수 있는가?"라는 질문에 긍정적인 답을 할 수 있는 평가 준거를 포함해야 한다.

• 평가 준거는 평가하고자 하는 기능을 반영하고 있는 모든 과제에 적용될 수 있어야 한다. 이러한 조건을 만족하는 루브릭은 당연히 과제-특수적일 수가 없다. 예를 들어, 학생의 즉흥 연설을 평가하는 데 '학생과 시선 맞추기'라는 기능을 평가 준거로 정했다면, '나의 즐거웠던 여름'이나 '시의회와 접촉하는 방법' 등 연설 주제가 무엇이든 이 루브릭을 적용할 수 있을 것이다.

• **루브릭은 간결해야 한다.** 교사와 학생들에게 루브릭이 잘 읽히고 활용되도록 하려면, 루브릭은 최대한 간결하게 작성되어야 한다. 각 평가 준거는 간결하되 그 특징이 잘 드러나는 명칭을 가지는 것이 이상적이다. 또한 잘 제작된 기능중심 루브릭을 학생들이 쉽게 이해할 수 있는 용어로 간결하게 표현한 학생용 버전으로 만드는 것도 좋다.

4) 평가 준거 예시

앞서의 논의로부터 우리는 루브릭의 교수적 가치가 평가 준거의 제시 방식에 달려 있다는 결론을 내릴 수 있다. 〈표 7-1〉은 평가 준거가 어떻게 교사들의 수업을 돕거나 방해하는지를 분명히 보여 준다. 이 예에서는 너무 일반적인 루브릭의 평가 준거, 과제-특수적 루브릭의 평가 준거, 그리고 기능중심 루브릭의 평가 준거 등 세 가지 다른 유형의 평가 준거가 있다. 세 평가 준거는 모두 '서술적 논술의 조직'이라는 변인에 초점을 두고 있다.

〈표 7-1〉 세 가지 유형의 루브릭에 대한 평가 준거의 예시

서문: 어느 학교의 6학년 학급에 소방관들이 방문하였다. 교사는 학생들에게 소방관들의 방문에 관한 내용을 담은 서술적 논술(narrative essay)을 작성하라고 하였다. '글의 조직'은 교사가 학생들의 작문을 평가하기 위해 통상적으로 사용하는 루브릭의 핵심 평가 준거 중의 하나다. 이 평가 준거를 기술하는 세 가지 방법이 다음에 제시되어 있다.

너무 일반적인 루브릭
조직: '우수한(superior)' 논술은 내용이 아주 훌륭하게 조직되어 있으며, '미흡한(inferior)' 논술은 전체적인 조직이 적합하게 짜여 있지 않다. '양호한(adequate)' 논술은 우수한 논술보다는 조직적으로 짜여 있다고 보기 어렵지만, 미흡한 논술보다는 더 낫다.

과제-특수적 루브릭
조직: '우수한(superior)' 논술은 소방관들이 소개한 화재 대피 요령의 타당성을 서술하는 것으로 시작하고, 이어서 가정의 안전 수칙을 구성하는 여섯 가지 요소를 차

례대로 서술하며, 소방관들이 방문 말미에 제공했던 생사 관련 안전 통계 중 적어도 세 가지를 인용하면서 글을 마무리해야 한다. 이러한 세 가지 요소가 반영된 조직에서 벗어날수록 논술의 수준은 낮게 평가될 것이다.

기능중심 루브릭
조직: 학생들의 서술적 논술을 평가하기 위해 조직의 두 가지 측면, 즉 전반적 구조와 순서를 검토한다. 최고 득점을 얻으려면, 논술은 전체적으로 서론, 본론, 결론을 포함하는 구조로 작성되어야 한다. 본론의 내용은 시간, 논리, 중요성과 같이 합리적인 순서로 서술되어야 한다.

〈표 7-1〉에서 너무 일반적인 평가 준거는 학생이 작성한 논술의 조직이 '양호해야 한다'는 것을 제외하고는 구체적으로 어떤 특성을 가져야 하는지에 대한 아이디어를 전혀 제공해 주지 못하고 있다. 이 평가 준거는 교수적 측면에서 별로 도움이 되지 않는다. 과제–특수적 평가 준거는 소방관들의 학급 방문이라는 특정 사건에 관한 학생들의 서술적 논술을 평가하기에는 적합하지만, 학생들이 그와 같은 특정 주제에 관해 서술적 논술을 쓰는 경우가 몇 번이나 있겠는가. 마지막으로, 기능중심 평가 준거는 글의 조직이 갖추어야 할 두 가지 측면, 즉 합리적 순서와 '서론–본론–결론'의 구조를 갖추어야 한다는 점을 구분해서 설명하고 있다. 이 두 가지 요소는 수업을 통해 가르칠 수 있는 내용일 뿐만 아니라 여러 가지 주제의 서술적 논술을 평가하는 데에도 적용 가능하다.

요컨대, 기능중심 루브릭은 교사가 구성형 문항의 응답을 채점하는 데 사용될 수 있을 뿐만 아니라 측정하고자 하는 기능을 숙달하도록 하기 위해 교사와 학생 모두를 안내하는 역할을 한다. 기능중심 루브릭은 교사의 수업과 학생의 학습을 돕는다. 기능중심 루브릭은 구성형 평가의 장점을 최대화하면서 그 단점을 상쇄하는 데 크게 기여한다.

5. 특수한 유형의 구성형 평가

구성형 평가에 관한 전반적인 소개를 마치기 전에, 구성형 응답을 평가하는 데 적용할 수 있는 두 가지 대안적 형태의 평가를 살펴보고자 한다. 그것은 수행 평가와 포트폴리오 평가인데, 두 평가는 최근 들어 두각을 나타내고 있다.

1) 수행 평가

수행 평가는 교사에 따라 여러 가지로 정의된다. 어떤 교사들은 구성형 응답을 요구하는 모든 형태의 검사를 수행 평가라고 생각한다. 하지만 이렇게 생각하는 교사들은 소수에 불과하다. 대부분의 교사는 수행 평가를 아주 정교한 구성형 문항과 루브릭을 사용하여 학생이 고차적 기능을 어느 정도 숙달했는지를 측정하는 평가라고 생각한다. 수행 평가를 실시하면 학생들에게 항상 과제가 부여된다. 학생들의 쓰기 표현 능력을 평가하는 경우, 과제는 '500단어로 서술적 논술 작성하기' 등이 될 수 있다. 평가 분야에서는 작문 검사로 주어진 과제를 프롬프트(prompt)라고 부른다. 학생에게 부여된 평가 과제가 실생활에서 사람들이 실제로 수행하는 일에 가까울 때, 그 평가는 일반적으로 수행 평가로 불린다.

사회 교과에서 수행 평가의 예를 들자면 다음과 같다. 학생은 역사적 교훈을 활용하면 즉각 해결될 수 있을 오늘날의 문제를 하나 찾아내고, 역사적 교훈을 오늘날의 문제에 적용하는 방법을 서술하는 보고서를 3,000단어 내외로 작성하며, 그 핵심 결론을 수업 시간에 10분 동안 구두로 발표한다. 어느 누구도 이러한 종류의 과제가 진위형 문제보다 더 어렵다는 것을 부인하지 못할 것이다.

그러나 수행 평가에는 두 가지 주요 단점이 있다. 하나는 명백한 단점이고 다른 하나는 명백하게 드러나지는 않지만 더 심각한 것이다. 첫째로, 수행 평가가 지니는 명백한 단점은 시간이 많이 소요된다는 점이다. 수행 평가에서 교사는 학생들이 여러 단계에 걸쳐서 수행해야 하는 과제를 계획하고, 평가 루브릭을 개발하며, 루브릭을 사용해서 채점하는 등의 일에 상당히 많은 시간을 써야 한다. 학생들도 수행을 준비하고 실행하는 데 상당히 많은 시간을 써야 한다. 둘째로, 이보다 심각한 수행 평가의 단점은 일반화 가능성(generalizability)의 문제다. 교사가 학생의 어떤 기능에 대한 숙달을 평가하고자 할 때, 그 평가 결과의 일반화 가능성에 대해 타당한 추론을 하려면 학생들은 얼마나 많은 수행 평가 과제를 완수해야 하는가? 설득하는 글을 작성하는 기능에 대한 학생의 숙달 정도를 판단하는 데 에세이(논술) 하나면 충분한가? 과거의 역사적 사건이 주는 교훈을 오늘날의 문제를 해결하는 데 활용 가능하다고 할 수 있으려면, 교사는 학생에게 역사적 교훈의 활용과 관련된 보고서를 몇 개쯤 작성하라고 해야 할까?

이러한 이슈에 관한 연구 결과는 그다지 긍정적이지 않다. 경험적 연구에 따르면, 학생이 어떤 기능을 숙달했는지에 대해 정확히 해석하려면 교사들은 학생들에게 많은 수의 수행 평가를 실시해야 한다(Linn & Burton, 1994). '많은 수의 수행 평가'는 곧 더 많은 시간이 소요됨을 의미한다. 그러므로 실제적 관점에서 볼 때, 교사들은 흥미롭기는 하지만 시간 소모가 많은 평가 방식을 사용하는 데 세심한 주의를 기울일 필요가 있다. 나는 교사가 중요하다고 생각하는 교육 목표에 대해서만 수행 평가를 사용할 것을 제안한다.

2) 포트폴리오 평가

마지막으로, 구성형 평가의 특별한 형태 중 하나인 포트폴리오 평가에 대해 간단히 살펴보자. 포트폴리오(portfolio)는 한 개인의 수행 결과를 모아 둔 작품집이라고 할 수 있다. 포트폴리오 평가는 본질적으로 학생으로 하여금 어떤 산출물을 만들어 내는 데 필요한 기능을 향상시키려는 목적 아래, 학습 과정 중에 산출된 결과를 지속적으로 수집하도록 한다. 국어 과목의 포트폴리오가 가장 대표적인 예로, 대개 작문 포트폴리오나 학습 저널 등이 이에 해당한다. 포트폴리오 평가는 다른 여러 교과에서 학생들이 다양한 기능을 숙달해 가는 과정과 변화를 평가하는 데에도 사용될 수 있다.

가령 5학년을 가르치는 Miller 교사가 학생들이 여러 문단의 글을 작성할 수 있는 능력을 평가하려 한다고 하자. 이 교사는 교실의 한곳에 파일 보관함을 마련하여 학생들이 한 학년 동안 수집하고 평가한 작문을 폴더에 담아 보관하게 한다. Miller 교사는 학생들이 자신들의 작문을 스스로 평가하는 데 사용하도록 5학년 학생들과 협력하여 좋은 작문의 평가 준거를 담고 있는 기능중심 루브릭을 개발한다. 학생들은 작문을 평가할 때 날짜가 적힌 루브릭 용지에 그 내용을 기입하고, 여러 번의 동료 평가에 참여하여 서로의 작문을 동일한 기능중심 루브릭을 사용하여 비평한다. 이 교사는 또한 학부모들에게 학기당 적어도 한 번 포트폴리오 콘퍼런스에 참여하도록 요청한다. 여기서의 강조점은 학생들이 '작업(working)' 포트폴리오에 담긴 자신의 글을 평가하는 능력을 향상시키는 데 있다. 연말에 각 학생은 여러 작문 중 최상의 작품을 선발하여 전시한 다음, 포트폴리오를 집으로 가져간다.

이와 같이 포트폴리오 평가는 자기 평가 능력의 향상을 지속적으로 강조하기 때문에 학생들의 학습에 큰 도움이 될 수 있다. 포트폴리오 평가를 사용해 본 교사들은 이 평가 방식이 평가와 수업을 통합하는 데 굉장히 효과적인 방식임을 인정한다.

그러나 교사들은 학생들의 포트폴리오를 계속 관리하면서 정기적으로 포트폴리오 콘퍼런스를 개최하는 일이 상당한 시간을 필요로 하는 업무라는 점을

지적할 것이다. 따라서 과다한 시간 소모라는 단점을 신중히 고려하여 포트폴
리오 평가의 사용 여부를 결정해야 할 것이다.

수업중심 평가를 위한 팁

- 구성형 문항과 선택형 문항의 상대적 강점을 이해한다.
- 단답형 문항과 논술형 문항의 장점과 단점을 숙지한다.
- 단답형 문항과 논술형 문항을 제작하기 위해 제시된 지침을 확실히 따른다.
- 구성형 문항에 대한 학생의 응답을 채점할 때, 지나치게 일반적이거나 구
  체적인 과제중심의 채점 루브릭을 사용하지 말고, 기능중심의 채점 루브
  릭을 사용한다.
- 수행 평가와 포트폴리오 평가의 장점과 단점을 이해한다.

추천 참고문헌

Andrade, H. G. (2000, February). Using rubrics to promote thinking and learning. *Educational Leadership, 57*(5), 13-18.

Eisner, E. W. (1999, May). The uses and limits of performance assessment. *Phi Delta Kappan, 80*(9), 658-660.

Letts, N., Kallick, B., Davis, H. B., & Martin-Kniep, G. (Presenters). (1999). *Portfolios: A guide for students and teachers* [Audiotape]. Alexandria, VA: Association for Supervision and Curriculum Development.

Linn, R. L., & Burton, E. (1994). Performance-based assessment: Implications of task specificity. *Educational measurement: Issues and practice, 13*(1), 5-8, 15.

Mabry, L. (1999, May). Writing to the rubric: Lingering effects of traditional standardized testing on direct writing assessment. *Phi Delta Kappan, 80*(9), 673-679.

McMillan, J. H. (2001). *Classroom assessment: Principles and practice for effective instruction* (2nd ed.). Boston: Allyn & Bacon.

Northwest Regional Educational Laboratory. (1991). *Developing assessments based on observation and judgment* [Videotape]. Los Angeles: IOX Assessment Associates.

Pollock, J. (Presenter). (1996). *Designing authentic tasks and scoring rubrics* [Audiotape]. Alexandria, VA: Association for Supervision and Curriculum Development.

Popham, W. J. (Program Consultant). (1996). *Creating challenging classroom tests: When students CONSTRUCT their responses* [Videotape]. Los Angeles: IOX Assessment Associates.

Popham, W. J. (Program Consultant). (1998). *The role of rubrics in classroom assessment* [Videotape]. Los Angeles: IOX Assessment Associates.

Stiggins, R. J. (Program Consultant). (1996). *Assessing reasoning in the classroom* [Videotape]. Portland, OR: Assessment Training Institute.

Wiggins, G., Stiggins, R. J., Moses, M., & LeMahieu, P. (Program Consultants). (1991). *Redesigning assessment: Portfolios* [Videotape]. Alexandria, VA: Association for Supervision and Curriculum Development.

정의적 평가의 가치

정의적 특성(affect)이란 한 개인의 태도, 흥미, 가치 등과 같은 여러 비인지적 변인을 가리킨다. 교사들에게 학생의 정의적 특성은 매우 중요하다. 만일 교사가 학생들로 하여금 학습에 대해 긍정적인 태도를 가지도록 하거나 책을 읽는 것에서 큰 즐거움을 느끼도록 도울 수 있다면, 그 교사는 학생들을 위해 훌륭한 일을 해낼 수 있을 것이다. 정의적 성과와 인지적 성과 중 어느 하나를 선택해야 한다면 나는 단연코 정의적 성과를 택할 것이다.

그 이유는 간단하다. 공부를 좋아하는 학생은 계속해서 공부하려 하고, 책 읽기를 좋아하는 학생은 책을 읽으라고 강요하지 않더라도 계속해서 읽으려고 할 것이기 때문이다. 반면, 학생들의 수학 능력을 길러 주긴 하지만 많은 학생으로 하여금 수학 공부는 싫증나는 일로 여기게 하는 수학 교사를 생각해 보자. 우리는 그러한 교사를 훌륭한 교사로 생각하지 않을 것이다. 학생들의 학습에 대한 긍정적 관심을 억누르는 교사는 결코 좋은 교사가 아니다.

1. 왜 정의적 특성을 평가하는가

교사들이 정의적 특성을 평가하는 일에 관심을 가져야 하는 첫 번째 이유는 정의적 특성이 학생의 미래 행동을 예측하는 데 매우 중요한 변인이기 때문이다. 예를 들어, 학교 교육을 받으면서 사람들 앞에서 자신의 생각을 말하는 것이 즐겁다는 것을 알게 된 학생은 졸업 후에도 대중을 상대로 하는 연설을 더 잘하게 될 가능성이 높고, 나아가 직장에서, 지역 정치 활동에서, 그리고 자녀 학교의 학부모회에서 의사소통을 더 잘할 가능성이 높다.

'학생의 미래 행동을 예측하는 변인'으로서 정의적 특성에 대한 평가와 미래 행동과의 관계를 그림으로 나타내면 [그림 8-1]과 같다. 이런 예측 관계는 확률에 기초하고 있다. 가령 정의적 특성을 평가해 보니 학교에 대해, 특히 학습 활동 그 자체에 대해 매우 긍정적인 태도를 가진 100명의 고3 학생들이 있다고 하자. 이와 달리, 학교를 싫어하고 학습과 조금이라도 관련되면 질색하는 100명의 고3 학생들이 있다고 하자. 이 두 집단 중에서 어느 집단이 대학에 진학할 가능성이 높을까? 당연히, 학교를 좋아하는 집단이 싫어하는 집단에 비해 더 높은 진학률을 보일 것으로 예상할 수 있다.

많은 교사가 학생들이 학교에서도 성공하고 졸업 후 사회에서도 성공하기를 진심으로 바란다. 여러분이 그러한 교사라면, 간단한 정의적 특성 평가를 통해 학생들의 미래 행동에 관해 매우 중요한 통찰을 얻을 수 있다. 학교를 싫어하는 학생들을 생각해 보자. 특히 수업이 지루하다고 느끼거나 능력이 부족해서 읽기를 싫어하는 학생들을 생각해 보자. 이러한 학생들은 당장 혼자서 책을 읽기도 어렵고, 장래에도 읽기를 싫어하거나 회피하게 될 가능성이 높다. 교사들은 학생들의 긍정적인 태도를 강화하고 증진시킬 뿐만 아니라, 학생들이 가지고 있는 부정적인 태도를 바꾸기 위해 교육적으로 개입해야 할 의무가 있다.

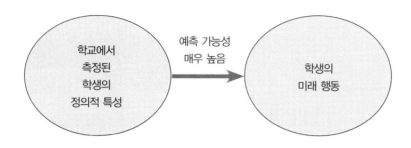

[그림 8-1] 학교에서 측정된 학생의 정의적 특성이 지니는 예언적 성격

교사가 학생들의 정의적 특성을 평가해야 하는 또 다른 이유는 교사의 역할이 학생들이 성취도 평가에서 고득점을 얻도록 도와주는 것만이 아님을 스스로에게 상기하기 위한 것이다. "우리는 우리가 중요하게 여기는 것을 측정한다(we measure what we treasure)."라는 말이 있는데, 실제로 그렇다. 만일 우리가 수업 시간을 따로 떼어 학생들의 태도, 흥미, 혹은 가치를 평가한다면, 우리는 이러한 것들을 향상시키는 것이 교수학습의 초점이 될 만큼 충분히 중요하다는 것을 확신하고 있는 셈이다. 특히 학년 초와 학년 말에 학생들의 정의적 특성을 평가함으로써 우리는 이러한 평가 활동이 교육의 질을 높이는 데 얼마나 중요한지를 다시 한번 생각할 수 있고, 나아가 가장 중요하다고 믿는 정의적 특성에 대해 보다 많은 관심을 가지고 수업에 임할 수 있게 된다.

교사가 학생들을 위해 정의적 평가 도구를 고안해야 하는 또 다른 이유가 있다. 전통적인 성취도 평가 도구를 제작하고 검토함으로써 인지적 교육목표와 그 달성 수단을 명료화할 수 있듯이, 정의적 평가 도구를 제작하고 검토함으로써 교사들은 특정한 정의적 목표의 핵심을 분명히 파악할 수 있다. (여기서 인정할 건 인정하자! "학생들은 배움을 사랑하는 것을 배우게 될 것이다."라는 목표는 모호하기 짝이 없다!) 즉, 교사들은 평가를 통해 정의적 목표를 명료화함으로써 정의적 성과를 증진할 수 있는 방법을 생각해 낼 수 있다.

마지막으로, 학생들의 정의적 특성에 관한 정보는 교사가 매일매일의 수업에서 더욱더 효과적으로 가르치고자 할 때 도움이 된다. 만일 교사가 정의적 평가를 통해 학생들이 학습 내용에 대해 정말로 지루해하고 흥미를 보이지 않는다는 것을 알게 된다면, 차후의 수업에서 이 문제를 해결하기 위해 어떤 조치를 취하게 될 것이다.

2. 교사는 어떤 정의적 특성을 평가해야 하는가

정의적 특성의 평가에 관해 더 깊이 논의하기 전에 한 가지 강조해야 할 것이 있다. 교사들이 평가하거나 향상시키고자 하는 정의적 특성은 논쟁의 여지가 없는 태도, 흥미, 가치 등이어야 한다는 점이다. 부모들은 대체로 가정 안에서 다루어져야 할 사안에 대해 학교가 침해하는 것을 경계한다. 만일 교사가 낙태와 같은 윤리적 문제나 특정 생활 방식의 적절성과 같은 이슈와 관련하여 학생의 가치관에 영향을 끼치려 한다면, 많은 부모가 불쾌감을 드러낼 것이다. 따라서 교사들이 기억하기 쉬운 지침 하나를 제시하고자 한다. 대부분의 사람으로부터 확실한 인정을 받지 못하는 정의적 특성을 다루지 말라.

그러나 사실 교사들이 주목해야 할 정의적 특성 중에는 논쟁의 여지가 없는 것들이 많이 있다.

- 태도 변인의 예: 학습에 대한 긍정적 태도, 자기 자신에 대한 긍정적 태도, 다문화 가정 학생들에 대한 긍정적 태도 등
- 흥미 변인의 예: 특정 교과에 대한 흥미, 시사적인 문제에 대한 흥미, 봉사 활동에 대한 흥미 등
- 가치 변인의 예: 정직, 성실, 정의 등

3. 정의적 특성의 측정 방법: 자기보고 척도

　교사들은 학생들의 태도, 가치, 흥미 등을 파악하기 위해 은연중의 자연스러운 관찰, 보조 관찰자의 도움 등과 같이 여러 정교한 방법을 사용할 수 있다. 그러나 교실에서 정의적 특성을 평가하기에 가장 단순하고 비용 대비 효과가 큰 평가 도구는 익명으로 작성되는 자기보고 척도(self-report inventory)다. 여기서 '척도(inventory)'란 대부분의 자기보고 평가 도구를 일컫는 전문 용어다. 척도라는 용어는 '조사지(survey)' '설문지(questionnaire)' '리포트(report)' 등의 용어로 바꾸어 사용해도 무방하다. Anderson과 Bourke(2000)는 정의적 특성의 평가에 관한 우수한 책을 저술하였는데, 이 책에서 그들은 "실제 학교생활에서 학생들의 정의적 특성은 오로지 자기보고 척도를 통해서 측정되어야만 한다."라고 설득력 있게 주장하였다. 자기보고 평가의 장점에 대해 그들이 어떻게 이러한 결론을 이끌어 냈는지를 알고 싶은 독자는 그 책의 제3장을 읽어 보기 바란다.

1) 익명성 보장하기

　자기보고 척도에 대한 학생들의 응답 결과를 믿을 수 있으려면 학생들이 그 척도에 익명으로 응답하는 것이 꼭 필요하다. 게다가, 학생들로 하여금 자신들의 응답에 대한 비밀이 보장된다는 점을 확실히 믿을 수 있도록 해야 한다. 이를 믿지 않는 학생들은 사회적으로 바람직한 응답, 즉 어른들이 원한다고 생각하는 방향으로 응답하려는 경향이 있다. 학생들의 태도, 흥미, 가치 등에 대해 타당한 추론을 이끌어 낼 수 있는 증거 자료를 수집하고 싶다면, 익명성이 유일한 방법이다.

학생들의 정직한 반응을 이끌어 내는 데 도움이 되는 익명성 향상 기법 중 몇 가지를 소개하면 다음과 같다.

• **자기보고 척도의 안내문에 익명성이 보장됨을 강조하라.** 학생들에게 검사지에 이름을 적지 말라고 말한다. 어떤 응답을 누가 했는지 추적하지 않을 것이며, 각 척도 문항에 대해 정답 혹은 오답이 존재하지 않는다는 것을 강조한다. 이러한 안내 사항을 자기보고 척도 검사지에 명시한다.

• **평가의 목적을 설명하라.** 학생들에게 자기보고 정보를 수집하는 목적이 교사 자신의 수업을 향상하는 데 도움을 얻고자 하는 것이며, 학생 개인이나 집단을 평가하는 데 관심이 없다는 것을 분명히 한다.

• **응답할 때 지정된 표시만 하게 하라.** 학생들에게 척도에 응답할 때 단어나 문장을 쓰지 말고 체크 표시나 ×표시만 사용하라고 검사지에 안내하고, 구두로도 말한다. 만약 학생의 생각을 알 수 있는 서술형의 응답문이 필요하다면 다른 형태의 설문 양식을 제공하고 그것을 별도로 수거한다. 학생들은 손으로 직접 작성한 응답이 추적될 가능성이 있다고 생각하는 경향이 있기 때문에 교사는 진정으로 익명성이 보장된다는 것을 학생들이 인식하도록 노력할 필요가 있다. 별도의 설문 양식을 통해 수거한 응답문은 훨씬 '더 안전한' 대안적 평가 방법이다.

• **익명성이 보장되도록 학생의 응답을 수거하라.** 학생들이 응답을 마쳤으면 검사지를 수거함에 넣게 하거나 한 학생(교사가 총애하는 학생이 아닌 학생)이 수거하게 한다. 학생들이 검사지에 응답하기 전에 어떻게 검사지를 수거할 것인지를 학생들에게 알려 준다.

• 학생들이 편안하게 응답할 수 있도록 하라.　학생들이 정의적 평가 척도에 응답하는 동안 학생들 근처에서 서성이지 않도록 한다. 이럴 경우 학생들은 교사가 자신들이 어떻게 응답하나 살피고 있다고 생각할 것이다. 교사는 학생들이 응답하는 동안 책상에 앉아 느긋하게 기다리는 것이 좋다.

2) 집단중심 추론하기

자기보고 척도의 익명성으로 인해, 독자들은 정의적 특성에 대한 개별 학생의 상태를 어떻게 파악할 수 있을지 의문을 제기할 수 있을 것이다. 이 의문에 대한 답은 간단하다. '파악할 수 없다'는 것이다.

한 학급에서 25~30명의 학생들이 익명으로 자기보고 척도에 응답할 경우, 지나치게 긍정적으로 반응한 학생들이 일부 있을 수 있고, 반대로 지나치게 부정적으로 반응한 학생들이 일부 있을 수 있다. 그러나 교사는 학생 집단의 평균적인 반응에 초점을 두어 해석해야 한다. 즉, 정의적 특성에 대한 추론은 집단중심 추론(group-focused inference)이어야만 한다. 예를 들어, 자기보고 척도를 이용하여 학생들의 구두 발표 능력에 대한 자신감을 알아보고자 하는 교사는 그 집단의 학생들이 전반적으로 구두 발표 능력에서 어느 정도 자신감을 가지고 있는지에 관해서는 상당히 정확하게 결론 내릴 수 있을 것이다. 그러나 구두 발표 능력에서 특정 학생 Maria의 자신감이 어느 정도인지에 대해서는 타당한 추론을 내리기 어렵다. 이러한 추론을 하려는 유혹은 이해하지만, 정의적 특성에 대한 추론은 결코 개인을 중심으로 이루어져서는 안 된다.

다른 예로서, 교사는 학년 초에 실시된 자기보고 척도로부터 얻은 익명의 응답 자료에 기초하여 "우리 반 학생들은 사회 교과에 정말로 많은 흥미를 보이는 것 같지만, 과학 교과에 대해서는 아주 부정적인 것 같다."라는 결론을 내릴 수 있다. 정의적 평가로부터 교사들이 얻고자 하는 것은 바로 이러한 종류의 집단중심 추론이다. 이러한 추론을 하는 목적은 수업을 좀 더 잘하는 데 도움을 얻기 위함이다. 즉, 학생의 정의적 상태에 기초한 이러한 종류의 추론은 교사가 장차 수업에서 다루어야 할 정의적 특성 영역이 무엇인지를 확인하는 데 도움을 준다.

4. 교실용 정의적 특성 평가 척도 제작

교사들이 정의적 특성을 평가하기 위해 교실에서 사용할 수 있는 자기보고 척도에는 크게 리커트 척도(Likert inventory), 리커트형 다차원 척도(Likert-like multidimensional inventory), 자신감 척도(confidence inventory) 세 가지 종류가 있다. 이 세 가지 척도 중 특히 다차원 척도와 자신감 척도는 대부분의 교사의 필요에 부합한다. 이 세 가지 척도를 자세히 살펴보자.

1) 리커트 척도

정의적 척도 가운데 가장 잘 알려져 있고 가장 널리 사용되고 있는 척도는 리커트 척도다. 이 척도는 1930년대 초에 이 측정 방법을 창안한 Likert의 이름을 딴 자기보고 평가 도구다. 대부분의 사람은 살면서 몇 번쯤은 리커트 척도에 응답한 경험이 있을 것이다. 리커트 척도는 일련의 진술문(문항)으로 구성되어 있으며, 응답자는 각 진술문에 대해 동의하는 정도를 표시한다. 응답자들이 가장 흔히 접하는 리커트 척도는 '매우 찬성' '찬성' '불확실' '반대' '매우 반대'의 다섯 개의 응답 유목을 가지고 있다. 또는 '나에게 해당함' '나에게 해당하지 않음' '불확실' 등과 같이 세 개의 응답 유목을 가지는 경우도 있다. 응답 유목의 수를 나이와 관련짓자면, 어린 아동들을 위한 리커트 척도는 대개

'예' '아니요', 혹은 '불확실' 등과 같이 두세 개의 간단한 응답 유목을 가지고 있는 반면, 고학년 학생들을 위한 척도는 대개 각 문항이 네 개 또는 다섯 개의 응답 유목을 가지고 있는 경우가 많다.

리커트 척도의 가장 중요한 특징은 '일차원성(unidimensionality)'이다. 즉, 한 척도에 담긴 모든 진술 문항은 단일한 정의적 특성에 대한 증거를 수집하기 위해 설계된 것들이다. 단일한 정의적 특성의 예로는, 다른 인종에 대한 태도, 과학적 현상에 대한 흥미, 정부의 민주적 접근 방식의 중요성에 대한 인식 등을 들 수 있다. 리커트 척도는 대개 20~30개의 진술문을 담고 있는데, 일부는 측정하고자 하는 정의적 특성에 대해 긍정적인 반응을, 다른 일부는 부정적인 반응을 반영한다. 〈표 8-1〉은 선출된 정치인들의 공공 서비스에 대한 중학생들의 태도를 측정하기 위해 제작된 20개 문항 리커트 척도의 예시다.

〈표 8-1〉에 제시된 척도의 진술문에서 알 수 있듯이, 일부 진술문은 정치적 공무를 수행하는 것에 대해 긍정적인 태도를 반영하는 반면, 일부 진술문은 부정적인 태도를 반영한다. 선출 정치인이 되기를 바라는 학생이라면 긍정적인 진술문에는 동의하고 부정적인 진술문에는 동의하지 않는 경향을 보일 것이다.

이와 같은 척도의 문항 반응을 채점하기 위해, 교사는 긍정적 진술문에 대한 '찬성' 응답에는 3점을, '불확실' 응답에는 2점을, 그리고 긍정적 진술문에 대한 '반대' 응답이나 부정적 진술문에 대한 '찬성' 응답에는 1점을 부여할 수 있다. 그러면 검사 점수는 전체 20개 문항 척도에 대해 20점과 60점 사이의 범위를 보이게 된다. 여기서 검사 점수가 높을수록 선출 정치인으로 공무를 수행하는 것에 대해 더 강한 긍정적인 태도를 나타낸다.

나는 리커트 척도를 좋아한다. 그래서 학교에서 교편을 잡는 동안 리커트 척도를 자주 사용했다. 교육평가 강좌를 가르칠 때, 나는 학생들이 평가 관련 개념을 다룰 때 얼마나 편안하게 느끼는지를 측정하기 위해 리커트 척도를 사용하곤 했다. 리커트 척도는 다른 척도에 비해 제작하기 쉽다는 장점도 가지고

〈표 8-1〉 리커트 척도의 예

선출 정치인에 대한 나의 태도

안내문: 아래에 공공 서비스에 대한 20개의 진술문이 있습니다. 각 진술문을 읽고, 그 진술문에 찬성하는지, 반대하는지, 혹은 불확실한지를 주어진 응답 박스 중 하나에 체크하여 나타내십시오. 아래에 응답하는 방법이 예시되어 있습니다.

진술문	응답		
	찬성	불확실	반대
나는 아침 식사를 많이 하는 것을 좋아한다.	☐	☐	☒

※ 위 보기에서, 응답자는 아침 식사를 많이 하는 것을 좋아하지 않았기 때문에, '반대'에 표시한 것입니다.

진술문	응답		
	찬성	불확실	반대
1. 정치인들은 대부분 정직하지 않다.	☐	☐	☐
2. 나는 국회의원이 되고 싶다.	☐	☐	☐
3. 국회의원들이 없으면 우리 사회는 망할 것이다.	☐	☐	☐
4. 나는 내 친구가 정계에 입문하는 것을 원치 않는다.	☐	☐	☐
5. 오늘의 정치인들이 미래의 세계를 만든다.	☐	☐	☐
[중략]			
19. 나는 결코 정치인이 되고자 출마하지 않을 것이다.	☐	☐	☐
20. 민주주의는 정치인들이 없으면 길을 잃는다.	☐	☐	☐

있다. 그러나 리커트 척도는 '일차원성'을 가진다는 점, 즉 단일한 정의적 특성을 측정한다는 사실을 기억해야 한다. 실지로, 대부분의 교사는 여러 가지 정의적 특성에 관심을 가지고 있다. 단일한 정의적 특성을 완전히 평가하기 위해서는 25개 문항 정도로 구성된 리커트 척도가 필요하지만, 교실 환경에서 이 정도의 길이를 가지는 리커트 척도를 제작하여 사용하는 것은 너무 부담스러운 일이다.

2) 다차원 척도

학생들의 정의적 특성을 평가함으로써 교사들이 알고 싶어 하는 것은 학생들의 태도, 흥미, 가치 등에 관한 대략적인 이해다. 이와 같이 학생들의 정의적 특성을 대략적으로 파악하고자 하는 것이 목적이라면, 나는 다차원 척도(multidimensional inventory)를 사용하기를 권한다. 다차원 척도는 일련의 진술문에 대한 학생들의 동의 정도를 묻는다는 점에서 리커트 척도와 유사하다. 그러나 리커트 척도와 달리, 다차원 척도는 상당히 많은 수의 다양한 정의적 특성을 동시에 다룬다는 점에서 차이가 있다. 〈표 8-2〉를 통해 이것이 무엇을 의미하는지 자세히 살펴보자.

〈표 8-2〉에 제시된 척도는 초등학교 4~6학년생을 대상으로 하여 학교에 대한 태도, 구두 발표에 대한 태도, 과학에 대한 흥미 등 교사들이 관심을 가질 만한 일곱 개의 정의적 특성을 측정하기 위해 설계된 것이다. 각 정의적 특성은 두 개의 진술문으로 측정되는데, 한 진술문은 긍정적으로, 다른 진술문은 부정적으로 표현되어 있다. 예를 들어, 1번 진술문과 14번 진술문이 반대 방향으로 표현되어 있고, 2번 진술문과 8번 진술문이 반대 방향으로 표현되어 있다.

검사의 내용 대표성이라는 측면에서 볼 때, 2개의 문항으로부터 나온 결과에는 큰 신뢰감을 부여하기 힘들 것이다. 그러나 여기서 평가의 목적은 개별

〈표 8-2〉리커트형 다차원 척도의 예

학교와 나

안내문: 각 진술문을 읽고 주어진 응답 가운데 하나를 선택해 주세요. 어떤 진술문은 긍정 문으로, 어떤 진술문은 부정문으로 되어 있습니다. 각 진술문의 내용이 자기에게 어느 정도 해당하는지 잘 생각하여 응답하면 됩니다. 정답이나 오답은 없으며, 솔직하게 응답해 주시기 바랍니다. 검사지에는 이름을 쓰지 말고, 응답에는 ×표만 해 주세요. 아래에 응답하는 방법이 예시되어 있습니다.

진술문	응답		
	매우 그렇다	그렇지 않다	잘 모르겠다
나는 영화 보러 가는 것을 좋아한다.	☐	☒	☐

응답을 마친 후에는 한 학생이 검사지를 수거하여 봉투에 담아 교장실로 가져오시기 바랍니다. 협조해 주셔서 감사합니다.

진술문	응답		
	매우 그렇다	그렇지 않다	잘 모르겠다
1. 대부분의 경우, 나는 학교가 정말 좋다.	☐	☐	☐
2. 나는 과학과 관련된 것을 배우고 싶을 때가 자주 있다.	☐	☐	☐
3. 나는 보고서나 이야기를 잘 쓰는 편이다.	☐	☐	☐
4. 나는 읽기를 좋아하지 않는다.	☐	☐	☐
5. 나는 수업 시간에 발표하는 것을 좋아하지 않는다.	☐	☐	☐
6. 나는 수학 공부가 재미있다고 생각한다.	☐	☐	☐
7. 나는 학급에서 사회 과목을 공부할 때가 좋다.	☐	☐	☐
8. 나는 커서 과학자가 되고 싶지 않다.	☐	☐	☐
9. 나는 글 쓰는 것을 별로 좋아하지 않는다.	☐	☐	☐

10. 나는 시간이 날 때 책 읽는 것을 좋아한다.	☐	☐	☐
11. 나는 다른 학생들 앞에서 말하는 것을 좋아한다.	☐	☐	☐
12. 나는 수학 문제 푸는 것을 싫어한다.	☐	☐	☐
13. 나는 학급에서 사회 공부할 때가 싫다.	☐	☐	☐
14. 전반적으로, 나는 학교생활이 그다지 즐겁지 않다.	☐	☐	☐

학생이 아니라 학급 전체의 정의적 상태에 대한 타당한 추론을 얻고자 하는 것임을 명심할 필요가 있다. 우리가 실지로 갖는 문항 반응 자료는 2개 문항에 반 전체 학생의 수를 곱한 수만큼의 자료다. 예를 들어, 학생 수가 15명이라면 학급 전체로는 30문항에 대한 자료를, 20명이라면 40문항에 대한 자료를 다루고 있는 셈이다. 정의적 특성 척도의 문항이 타당하게 개발되었다면 학급 전체 학생들의 정의적 특성을 충분히 정확히 파악할 수 있을 것이다.

교사가 직접 다차원 정의적 척도를 개발하는 경우, 측정하고자 하는 특성을 긍정 문항과 부정 문항의 두 문항으로 측정하는 것이 좋다. 또한 척도의 각 문항을 진술하는 데 긍정적 혹은 부정적 특성이 적절한 수준이 되도록 진술해야 한다. 이처럼 문항을 온건하게 진술하게 되면 두 개의 문항만 사용하더라도 평가가 가능할 만큼 다양한 반응을 이끌어 낼 수 있다. 예를 들어, 〈표 8-2〉의 1번 진술문인 "대부분의 경우, 나는 학교가 정말 좋다."는 적당한 정도의 긍정적인 문장으로, 다양한 동의 수준을 이끌어 낼 수 있다. 만약 1번 진술문이 "나는 매일 매 순간 학교가 몹시 좋다."로 표현되었다고 생각해 보자. 일반적인 학생이라면 "매우 그렇다"라고 응답할 가능성은 거의 없다. 마찬가지로 매우 부정적인 진술문도 별로 효과적이지 않은 문항이다.

다차원 척도에 대한 채점 방법은 일차원 리커트 척도에 대한 것과 동일하다. 부정적 응답에는 낮은 점수를 부여하고, 긍정적 응답에는 높은 점수를 부여한다. 따라서 하나의 정의적 특성을 두 개의 문항으로 측정하고 각 문항을 1점에서 3점까지 채점한다면, 최하 점수는 2점이고 최고 점수는 6점이 될 것이다.

3) 자신감 척도

마지막으로 교사들이 고려할 수 있는 정의적 평가 도구는 자신감 척도(confidence inventory)다. 이 척도는 학생에게 다양한 종류의 활동을 열거한 후 만약 이러한 활동을 개인적으로 수행해야 한다고 할 때 어느 정도 자신감이 있는지를 묻는다. 다른 정의적 평가 도구와 마찬가지로, 자신감 척도는 수업과 관련된 교사의 의사결정을 돕는 데 그 목적이 있다.

잠시 어떤 활동에 대해 학생이 기대하는 자신감과 실제 그 학생의 역량(competence) 간의 관계를 생각해 보자. 일반적으로, 어떤 일을 하는 데 필요한 역량이 높은 학생일수록 그 일을 할 수 있다는 자신감도 높은 편이다. 물론 예외도 있을 수 있다. 자신감은 부족하지만 능력이 있을 수 있는 반면, 자신감은 넘치지만 무능력할 수 있다. 그러나 학생들이 어떤 기능에 대해 가지는 자신감은 그 기능에 대한 역량과 정적인 상관(positive correlation)을 가질 가능성이 높다.

교사들은 수업을 통해 기르고자 하는 인지적 능력 중에서 완전하게 평가하기 어려운 능력도 있다는 것을 잘 알고 있다. 학생들의 '협동적 문제해결 능력'을 정확하게 측정하는 것이 얼마나 어려운지를 생각해 보라. 이러한 복잡한 능력을 적절하게 측정하는 방법을 고안하는 것은 정말 고통스러운 일이다. 이러한 상황에서 자신감 척도는 측정하기 어려운 학생들의 실제 능력에 대한 대리물(proxy)로서 매우 값진 정보라고 할 수 있다. 그러나 여기서 기억해야 할 것은 자신감 척도에 기초한 추론은 반 전체 학생들에 초점을 두어야지 개별 학생에 초점을 두어서는 안 된다는 점이며, 이는 모든 정의적 평가 도구에 해당된다.

〈표 8-3〉은 초등학교 고학년생용으로 제작된 자신감 척도의 예다. 이 척도는 국어 과목에서만 사용할 수 있는 척도이기 때문에, 우리는 이 척도를 개발한 교사가 학생들의 말하기 및 쓰기 능력에 대한 자신감에 주된 관심이 있다고 생각할 수 있다. 이 척도에 제시된 모든 활동은 교사가 학생들의 말하기 및 쓰기 능력을 증진시킬 수 있도록 수업을 했다고 가정했을 때 학생들이 점차 자신감을 느끼게 될 수 있는 활동이다. 교사가 이러한 성격의 척도를 직접 제작하고자 한다면, 자신이 특별히 관심을 가지는 활동만 선택해서 제작하면 된다.

〈표 8-3〉에 예시된 자신감 척도에는 각 활동에 대해 네 가지 응답이 기능하도록 되어 있다. 응답 선택지의 수는 더 많을 수도 있고 더 작을 수도 있지만, 자신감이 높을수록 더 높은 점수를 가지도록 구성하면 된다. 네 개의 응답에 4-3-2-1 방식으로 점수를 부여한다면, 10문항으로 구성된 척도 전체 문항에서 받을 수 있는 최고 점수는 40점이 될 것이다. 만약 1, 3, 4, 6, 9번 문항으로 측정하는 '쓰기 능력 자신감' 점수와 2, 5, 7, 8, 10번 문항으로 측정하는 '말하기 능력 자신감'의 점수를 따로 계산하고자 한다면, 해당되는 문항에 대한 점수만 합산하면 된다.

수업과 관련된 의사결정이 자신감 척도를 사용하는 주된 목적이라면, 개별 문항에 대해 학급 전체의 평균을 내는 것이 가장 유용한 채점 방식이라고 할 수 있다. 교사가 학생들에게 가르치고자 하는 과제가 각 활동별로 제시되어 있기 때문이다. 자신감 척도를 구성하는 활동은 교사가 가르칠 내용에 초점을 두어 구체적으로 기술되어 있기 때문에, 자신감 척도에서 얻은 정보는 교사가 어떤 학습 내용에 어느 정도의 시간을 할애해야 하는지 결정하는 데에도 도움이 된다. 학생들이 강한 자신감을 보이는 지식과 능력을 가르치는 데에는 수업 시간을 적게 들이고, 자신감이 낮은 지식과 능력에는 더 많은 시간을 할애하는 식의 결정이 가능하다.

마지막으로, 자신감 척도를 구성하는 각 문항의 학급 평균에 대한 사전 검

〈표 8-3〉 자신감 척도의 예

국어 자신감 검사

안내문: 이 검사는 말하기와 쓰기에 대한 여러분의 자신감을 알아보기 위해 제작된 것입니다. 이 검사의 목적은 선생님이 수업을 더 잘할 수 있도록 돕는 데 있습니다. 아래에 특정 활동에 관한 10개의 진술문이 있습니다. 각 활동을 살펴보고 내가 그 활동을 수행해야만 한다고 상상하십시오. 각 활동을 할 때 어느 정도 자신감을 가지고 있는지 표시해 주십시오. 각 활동에 대해 하나의 응답만 선택하여 ×표를 해 주십시오. 응답하는 방법은 아래에 예시되어 있습니다.

만약 다음의 활동을 해야 한다면, 어느 정도 자신이 있습니까?

활동	응답			
	매우 자신 있음	꽤 자신 있음	별로 자신 없음	전혀 자신 없음
극장에서 영화 프로젝터를 작동한다.	☐	☐	☒	☐

검사지에는 이름을 적지 마십시오. 각 진술문에 대해 정답이나 오답은 없습니다. 솔직하게 응답해 주시기 바랍니다.

만약 다음의 활동을 해야 한다면, 어느 정도 자신이 있습니까?

활동	응답			
	매우 자신 있음	꽤 자신 있음	별로 자신 없음	전혀 자신 없음
1. 영어를 사용하는 다른 나라의 학생에게 다정한 편지를 쓴다.	☐	☐	☐	☐
2. 방학 중에 있었던 일에 대해 반 친구들에게 5분 동안 발표한다.	☐	☐	☐	☐
3. 500~700단어 분량의 이야기를 작성한다.	☐	☐	☐	☐
4. 500~700단어 분량의 설득적 에세이를 작성한다.	☐	☐	☐	☐

5. 반 친구들에게 구두 발표문이 어떻게 구성되어야 하는지 설명한다.	☐	☐	☐	☐
6. 컴퓨터를 사용해서 간단한 서면 보고서를 작성한다.	☐	☐	☐	☐
7. 수업 시간에 선생님의 질문에 대한 답을 알고 있을 때 큰 소리로 답한다.	☐	☐	☐	☐
8. 학급에서 토의하고 있는 문제에 대한 반 친구의 의견에 찬성하지 않을 때, 정중하지만 단호하게 찬성하지 않는다고 말한다.	☐	☐	☐	☐
9. 맞춤법, 구두법, 어법 등의 오류 없이 500단어 분량의 간단한 에세이를 작성한다.	☐	☐	☐	☐
10. 준비 시간 없이 반 친구들 앞에서 2분 분량의 즉흥 스피치를 한다.	☐	☐	☐	☐
자신감 척도에 응답해 주셔서 감사합니다.				

사와 사후 검사를 비교함으로써 교사들은 자신이 얼마나 잘 가르치고 있는지를 이해하는 데 큰 도움을 얻을 수 있다. 한 학년 동안 학생들이 자신의 능력이 증가한다고 스스로 인식하는 것은 교사의 수업 효과성에 대한 좋은 증거다. 제11장에서 우리는 이에 대해 보다 자세히 살펴볼 것이다.

나는 교사들이 학급에서 정의적 평가를 시도해 볼 것을 진심으로 바란다. 이러한 시도는 현 시점뿐만 아니라 후속되는 학습에서도 학생들에게 큰 도움이 될 것이다.

수업중심 평가를 위한 팁

- 교실에서 학생의 정의적 특성에 대한 평가를 실시할 것을 진지하게 고려하도록 한다.
- 논쟁의 여지가 없는 태도, 흥미, 가치 등을 평가한다.
- 익명이 보장된 자기보고 척도를 사용하여 학생들의 정의적 특성을 평가한다.
- 학생들의 정의적 특성 평가를 통한 추론은 집단에 초점을 두어야 하며, 개별 학생에 두지 않는다.
- 학생들의 정의적 특성을 평가하여 정의적 특성을 고려한 수업의 중요성을 인식한다.

추천 참고문헌

Anderson, L. W., & Bourke, S. F. (2000). *Assessing affective characteristics in the schools* (2nd ed.). Mahwah, NJ: Lawrence Erlbaum Associates.

Kohn, A. (1997, February). How not to teach values: A critical look at character education. *Phi Delta Kappan, 78*(6), 428-439.

Popham, W. J. (2000). *Modern educational measurement: Practical guidelines for educational leaders* (3rd ed.). Boston: Allyn & Bacon.

Popham, W. J. (2002). *Classroom assessment: What teachers need to know* (3rd ed.). Boston: Allyn & Bacon.

Popham, W. J. (Program Consultant). (1997). *Assessing student attitudes: A key to increasing achievement* [Videotape]. Los Angeles: IOX Assessment Associates.

Popham, W. J. (Program Consultant). (1997). *Improving instruction: Start with student attitudes* [Videotape]. Los Angeles: IOX Assessment Associates.

표준화 검사의 바람직한 활용 및 오용

교편을 잡은 첫해 봄에 나는 생애 처음으로 국가수준 표준화 성취도 검사를 경험했다. 우리 학교에서는 별도의 시간을 할애하여 고등학교 1학년 학생들에게 시험을 실시했고, 그 해 가을에 검사 결과를 통보받았다. 나는 학생들 중 누가 높은 점수를 얻고 누가 낮은 점수를 얻었는지 확인하기 위해 검사 결과를 살펴보았다. 그러나 우리 학교는 각 학년에 약 35명의 학생밖에 없는 작은 학교였기 때문에, 학생들 중 누가 시험을 잘 보았는지는 이미 예측할 수 있었다. 표준화 검사 결과는 전혀 놀랍지 않았다.

우리 학교가 속한 지역의 교육청은 이 국가수준 검사를 매년 실시하도록 했고, 우리는 정기적으로 학부모들에게 성적 통지표를 보냈다. 내 기억으로, 어느 학부모도 자녀의 표준화 검사 점수와 관련하여 교사들이나 교장에게 연락하지 않았다. 왜 그랬을까? 그것은 검사 결과에 의해 달라지는 것이 아무것도 없었기 때문이다. 검사에서 낮은 점수를 받은 학생들이 한 학년 유급되는 것도 아니었고, 졸업장을 받지 못한 것도 아니었으며, 여름에 보충 수업을 듣도록 강요받지도 않았다. 그리고 내가 살던 오리건 주 시골 마을 주민들은 학생들의 표준화 성취도 검사 결과에 기초하여 우리 학교를 평가하려고 하지도 않았다. 오늘날의 '고부담' 시험과 달리, 그 당시의 검사는 진정으로 '무부담' 시험이었다. 지금과는 상황이 정말 달랐다.

1. 평가 잣대로서의 표준화 성취도 검사

오늘날 미국에서 대부분의 시민은 표준화 성취도 검사에서 보이는 학생들의 수행 결과를 학교의 질적 수준에 대한 명확한 지표로 생각한다. 검사 결과는 뉴스로 보도되고, 지역구 행정가와 주 교육부에 의해 점검을 받으며, 연방정부에 보고된다. 그리고 이러한 검사 점수에 의해 교직원들에게는 성공 혹은 실패의 딱지가 붙는다. 표준화 성취도 검사에서 고득점을 받은 학교는 보통 표창을 받거나 점점 더 많은 재정적 지원을 받기도 한다. 한편, 표준화 성취도 검사에서 매우 낮은 점수를 받은 학교는 따로 뽑혀 강도 높은 교직원 연수의 대상이 된다. 만약 교직원 연수를 위한 상당한 노력에도 불구하고 검사 점수가 '충분히' 향상되지 않는다면, 그 학교들은 영리 기관에 인수되거나, 어떤 경우에는 완전히 문을 닫아야 할 수도 있다.

우리는 표준화 검사 점수의 결과가 현재 상당한 영향력을 가진다고 생각할 수 있지만, NCLB 법의 적정연간성장(Adequate Yearly Progress: AYP) 요구 조건이 본격적으로 시행될 때와 비교하면 약과다.[1] NCLB 법에 따르면, 학교는 해당 주에서 그 학교에 대해 부과한 연도 간 향상 계획인 AYP에 도달할 수 있도록 학생들의 성취도를 향상시켜야 한다. 도전적인 내용기준에 기초하여 제작된 표준화 검사에서 충분한 수의 학생들이 AYP에 도달하지 못한 학교는 '낮

---

1) 역자 주: 이 책의 원서는 NCLB 법이 본격적으로 시행되기 전에 쓰여서 2003년에 발간됨.

은 수행(low performing)'이라는 딱지를 받는다. 낮은 수행을 2년 동안 보이면, NCLB 조항 I의 재정 지원을 받는 학교와 지역구는 온갖 종류의 부정적 제재를 받게 된다. 예를 들어, 어떤 학교가 2년 연속해서 AYP 목표에 도달하지 못하면, 그 학교의 학부모들은 자녀들의 통학 비용을 받으면서 AYP에 도달한 다른 지역구의 학교로 전학시킬 수 있다. 이 학교가 다음 해에도 AYP 목표에 도달하지 못하게 되면, 개별 학습지도와 같은 특별 보충 수업을 학생들에게 제공해야 한다. 불행히도, 표준화 성취도 검사의 중요성이 높아지면서 학생들의 점수 향상을 위해 교사들에게 가해지는 압력이 점차 늘어나게 되었고, 이에 따라 학교 현장은 교육적으로 바람직하지 않은 관행이 점차로 많아지고 있다. 이처럼 점수 향상에 대한 과열 현상으로 인해 나타나는 가장 명백한 부작용은 교육과정의 단순화(curricular reductionism)로, 교사들은 표준화 성취도 검사에서 평가되지 않는 교육 내용을 소홀히 취급하게 된다는 점이다. 이러한 현상이 팽배한 지역의 학생들은 마땅히 배워야 할 내용을 배울 기회를 가지지 못하게 된다.

　두 번째 부작용은 교실에서 고된 반복 훈련이 엄청나게 증가했다는 점이다. 학생들은 하루 일과 중 상당히 많은 시간을 표준화 검사에 나올 만한 문항을 가지고 지루하게 반복 연습하는 데에 바쳐야 한다. 이러한 훈련은 학생들에게서 학교생활이나 학습 그 자체에서 얻을 수 있는 즐거움을 빠른 속도로 소멸시킨다. 앞 장의 정의적 특성에 대한 논의를 기억하는가? 오늘날 도처에서 발견되는 '시험 준비 훈련' 시간은 학교에 대한 학생들의 긍정적 태도를 급속하게 파괴할 수 있다.

　마지막으로, 학생들의 점수 향상을 요구하는 엄청난 압박이 교육자들에게 가해짐에 따라 우리는 검사 준비나 실시에서 교육적이지 못한 사례를 너무나 많이 목격해 오고 있다. 학생들에게 실제 검사에 나올 문항을 미리 풀도록 하면서 연습을 시키는 경우도 있었고, 표준화 시험을 실시할 때 규정된 시간보다 더 많은 시간을 주는 경우도 있었다. 이처럼 표준화되지 않은 방식으로 실시되는 표준화 검사는 더 이상 표준화 검사가 아니다. 심지어 교사들이 학생들의 답안을 공식 채점 기관에 넘기기 전에 상당 부분 수정하는 경우도 있었다. 이러한 비윤리적 행위는 학생들에게 매우 부적절한 메시지를 전달하게 된다. 다행인 것은 이러한 행위가 아직까지 소수라는 점이다.

오늘날의 교사들은 표준화 검사의 올바른 활용과 잘못된 사용에 대해 더욱더 진지하게 고민해야 한다. 표준화 검사가 학교의 수준을 평가하는 지배적인 잣대로 광범위하게 사용됨으로써 교육과정 단순화, 고된 반복 훈련, 부적합한 검사 준비 및 검사 실시 등과 같은 부작용이 점차 증가하고 있기 때문이다. 단도직입적으로 말하자면, 오늘날 학교 교육과 교사의 질을 평가하기 위해 표준화 성취도 검사를 사용하는 것은 검사를 오용하는 것이다. 그것은 실수이고, 분명히 잘못된 일이다.

2. 표준화 성취도 검사의 평가적 사명

표준화 검사(standardized test)란 검사의 실시와 채점이 미리 정해진 표준적인 방식으로 이루어지는 평가 도구를 말한다. 앞서 스탠퍼드 성취도 검사와 같은 표준화 성취도 검사는 학생들의 지식과 기능을 측정하고자 하는 반면, ACT나 SAT와 같은 적성 검사는 미래의 학업 상황에서 학생들의 성공을 예측하고자 하는 목적을 가진다고 설명한 바 있다. 실지로, 과거의 교육자들은 집단 지능 검사가 적성 검사를 대표하는 것으로 간주하곤 했다. 그러나 이러한 관점은 지능이 바뀔 수 없는 것이라는 인상을 전하기 때문에 오래전에 버림받았다. 미국에서 권위 있는 대학 입학시험으로서 명성을 가지고 있는 SAT는 검사의 공식 명칭을 'Scholastic Aptitude Test'에서 'Scholastic Assessment Test'로 변경하기로 수년 전에 결정한 바 있다. 그러나 현재는 공식 명칭으로 첫 글자만 따서 SAT로 부르는 것을 선호하고 있다. 이처럼 검사의 명칭을 바꾼 데에는 적성이라는 용어를 사용하지 않기 위한 의도가 숨어 있다고 보는 사람들도 있다. 마케팅의 관점에서 볼 때, 문자만 사용하는 접근 방식은 큰 이점을 가질 수 있다. Kentucky Fried Chicken이 'KFC'라는 브랜드 명을 사용해서 성공한 사례를 생각해 보라.

아무튼, 표준화 성취도 검사는 검사 문항에 응답하는 학생들의 상대적인 능력을 측정하도록 설계된다. 표준화 성취도 검사는 공식적으로 사용되기 선에 학생 모집단(population)을 대표하는 규준 집단(norm group)에 먼저 시행되고, 이후 실제 검사가 실시된 다음에 학생들의 점수는 이 규준 집단의 점수 분포와 비교하여 해석된다. 만약 Sally가 백분위 92에 해당하는 점수를 받고, Billy가 백분위 13에 해당하는 점수를 받았다면, 규준 집단 점수에 기초해서 다음과 같은 해석을 할 수 있다. Sally는 규준 집단의 전체 학생들 중 92퍼센트의 학생들을 능가하는 점수를 얻은 반면, Billy는 규준 집단의 전체 학생들 중 13퍼센트의 학생들을 능가하는 점수를 얻었다고 할 수 있다.

이러한 상대적 비교는 교사와 학부모 모두에게 유용한 정보를 준다. 만약 어떤 4학년 학생이 표준화 국어 성취도 검사에서 87 백분위의 점수를 얻었지만 수학 성취도 검사에서는 23 백분위의 점수를 얻었다고 하자. 이는 그 학생의 수학 능력을 향상시키기 위해 심각한 교수적 조치가 필요함을 의미한다. 학부모는 이러한 검사 결과로부터 자녀의 상대적 강점과 약점을 파악할 수 있다는 점에서 검사의 유용성을 찾을 수 있다.

규준 집단의 점수 분포를 바탕으로 응시자의 점수를 이처럼 정확하면서도 세밀하게 비교할 수 있다는 점은 20세기 초 표준화 검사가 생긴 이래로 표준화 성취도 검사의 초석이 되어 왔다. 우리는 이와 같은 상대적인 관점의 해석을 '규준참조 해석'이라고 부른다. 왜냐하면 우리는 한 학생의 점수를 그 검사의 규준 집단 점수 분포에 참조시킴으로써 그 학생의 점수에 의미를 부여하기 때문이다. 검사의 원점수(raw test score)는 그 자체로는 해석이 불가능하다.

그러나 표준화 검사를 바탕으로 어떤 학생의 수행에 관해 세밀한 규준참조 해석을 할 수 있으려면 그 검사는 충분한 점수 분산(test score variance)을 가져야 한다. 만약 표준화 검사에서 산출된 점수가 아주 좁은 범위의 점수대에 모두 밀집해 있다면, 점수 간의 정확한 비교는 이루어질 수 없다. 따라서 전통적인 표준화 성취도 검사를 제작하는 데에 적절한 수준의 점수 분산이 나올 수 있도록 하는 것은 필수적이다. 그러나 표준화 성취도 검사가 학교와 교사의 질을 평가하기에 부적합하도록 만드는 것 역시 점수 분산이 충분해야 한다는 조건이다. 그 이유가 무엇인지 살펴보자.

3. 상대적인 평가에는 기여하되 교수 효과를 평가하는 데에는 적합하지 않은 검사 설계

여기서 나는 표준화 성취도 검사를 사용하여 학교를 평가하고자 할 때 발생할 수 있는 문제점 몇 가지를 논의하고자 한다. 나는 표준화 성취도 검사의 질적 수준을 비판하려는 것이 아니다. 오히려 전통적 표준화 성취도 검사가 적합한 목적을 위해 사용될 때는 더없이 훌륭한 평가 도구라고 생각한다. 또한 표준화 검사를 제작하는 사람들이 학생이나 학교에 오명을 씌우려고 돌아다니는 사악한 측정 괴물들이라고 폄하할 생각도 없다. 외과 수술용 메스가 흉기로 사용된다고 해서 우리는 메스를 제작한 회사의 잘못이라고 비난하지 않는다. 이것은 단지 도구를 잘못 사용한 사례일 뿐이다. 이러한 잘못된 사용이 표준화 검사에도 일어나고 있는데, 학생들의 상대적 비교를 위해 제작된 표준화 검사를 학교 교육의 효과성을 평가하기 위해서 잘못 사용하고 있는 것이다.

1) 중간 난이도 문항의 강조

대부분의 표준화 검사는 한 시간 가량 실시되기 때문에, 검사 제작자들은 문항 선정에 매우 신중해야 한다. 검사 시간이 길어지면 학생들은 집중하지 못하거나 비협조적인 태도를 보일지도 모르기 때문이다. 표준화 검사의 목표는 최소한의 문항을 사용해서 최대한의 점수 분산을 이끌어 내면서 필요한 변인 모두를 측정하는 것이다.

통계적 관점에서 볼 때, 최대의 점수 분산을 산출하는 문항은 검사 응시자의 약 절반이 맞힌 문항이다. 문항 정답률(p-value)은 문항에 정답을 한 학생들의 비율을 일컫는다. 학생들 간의 정확한 비교가 가능하기 위해서는 점수 분산이 커야 하므로, 검사 개발자들은 문항에 대한 예비 검사를 통해 대부분의 문항이 0.4~0.6 정도의 정답률을 가지도록 최종 검사를 구성한다.

표준화 검사 개발자들이 단연코 피하고자 하는 문항은 정답률이 매우 낮거나 매우 높은 문항이다. 이러한 문항은 학생들의 점수를 분산시키는 데 제 역할을 다하지 못하기 때문에 검사지의 공간만 차지하는 쓸모없는 것들로 간주된다. 따라서 이러한 문항의 대부분은 검사를 발행하기 전에 버려진다. 검사 개발자들은 대체로 약 6년의 주기로 검사 수정판을 내는데, 이 과정에서 그동안 실제 응시자들이 각 문항에 어떻게 반응했는지를 알려 주는 검사 자료를 검토한다. 그리하여 매우 낮거나 높은 정답률을 가진 문항을 점수 분산에 유리한 중간 범위의 정답률을 가진 문항으로 대체하기도 한다.

여기에 함정이 있다. 높은 정답률(0.8~0.9의 범위)을 가진 문항을 배제하게 되면 표준화 성취도 검사를 통해 교수의 효과성을 제대로 파악하지 못하게 된다. 생각해 보라. 높은 정답률을 가진 문항은 대부분의 학생이 그 문항이 측정하고자 하는 지식 혹은 기능을 습득하고 있음을 말해 준다. 교사들이 가장 중요하다고 생각하는 지식과 기능은 수업에서 교사들이 중점을 두는 것들이다. 교사들 간에 교수적 능력이 상당한 차이가 있음을 감안하더라도, 교사들이 더 중점적으로 가르친 내용일수록 학생들이 더 잘 풀게 될 것임은 당연하다. 그러나 역설적으로, 학생들이 이러한 문항을 더 잘 풀수록 그 문항은 표준화 검사를 수정할 때 버려질 가능성이 더 높아지게 된다.

요컨대, 점수 분산을 높이는 것을 추구할 경우 교사들이 강조하는 가장 중요한 내용을 측정하는 문항이 전통적인 표준화 성취도 검사에서 배제되는 현상이 발생할 수 있다. 분명, 교사들이 가르치려 하는 가장 중요한 내용을 의도적으로 배제하는 검사는 교사들의 교수적 성공을 판단하는 데 사용되어서는 안 될 것이다.

2) 검사 응시자의 사회경제적 지위와 연계된 문항

표준화 성취도 검사의 전통적인 측정학적 목적이 정확한 규준참조 해석을 제공하는 것이고, 이를 위해서는 점수 분산을 크게 산출해야 한다는 것을 앞서 살펴보았다. 또한 검사 실시 시간의 제한과 최소 문항으로 최대 점수 분산을 내야 한다는 조건 때문에 표준화 성취도 검사의 일부 문항은 학생의 사회경제적 지위(SES)와 매우 높은 관련성을 보이기도 한다.

예를 들어, 현재 사용되고 있는 표준화 성취도 검사에서 뽑은 문항을 살펴보자. 이 예시 문항은 6학년 과학 문항으로, 검사 문항의 보안을 유지하기 위해 일부 문구를 약간 수정한 것이다. 그러나 원래 문항이 가지고 있던 인지적 요구, 즉 학생들이 문항을 푸는 데 요구되는 인지적 측면 자체가 변경되지는 않았다.

사회경제적 지위(SES)와 연계된 문항

식물의 열매는 항상 씨를 포함하고 있다. 이러한 점에 비추어 볼 때, 다음 중 열매가 아닌 것은 무엇인가?

a. 호박
b. 셀러리
c. 오렌지
d. 배

이 예시 문항을 주의 깊게 살펴보면, 좋은 환경에서 자란 아동들이 열악한 환경에서 자란 아동에 비해 이 문항을 맞히는 데 더 유리할 것이라는 점을 알 수 있다. 좋은 환경에서 자란 아동들은 슈퍼마켓에서 정기적으로 신선한 셀러리를 구입하거나 핼러윈용 호박을 구입한 경험이 있겠지만, 정부가 발행하는 식권으로 가족의 생계를 꾸려나가는 부모를 둔 아동들은 이러한 경험이 전혀 없을 수도 있기 때문이다. 이것이 사회경제적 지위와 연계된 문항의 전형적인 예다.

사회경제적 지위는 분산이 상당히 큰 변인이고, 그다지 빨리 변하지 않는 변인이다. 따라서 표준화 성취도 검사의 개발자들이 사회경제적 지위와 연계된 문항을 선택하게 되면 원하는 정도의 점수 분산을 얻기가 쉽다. 그러나 사회경제적 지위와 연계된 문항은 학생들이 학교에서 배우는 것을 측정하는 것이 아니라 학교에 오기 전 이미 가지고 있던 것을 측정한다. 이러한 이유 때문에, 사회경제적 지위와 연계된 문항은 학교 수업의 질을 평가하기에 적합하지 않다.

3) 검사 응시자의 타고난 학업 적성과 연계된 문항

아동들은 유전자의 영향으로 출생할 때부터 여러 가지 측면에서 다르다. 어떤 아이들은 또래보다 더 크게, 더 무겁게, 혹은 더 예쁘게 태어난다. 또한 출생 시부터 학업 적성, 즉 언어적, 수리적, 혹은 공간적 잠재 능력이 다르다.

교사의 관점에서 볼 때, 모든 학생이 동일한 학업 적성을 가지고 태어났다면 교실 수업은 훨씬 단순한 일이 될 것이다. 그러나 현실은 그렇지 않다. 예를 들어, 어떤 아동은 다른 아이들보다 뛰어난 수리적 능력을 가진 채 학교에 들어온다. 이러한 아동은 대부분의 수학적 개념을 재빨리 습득하고 학교에서 주어지는 대부분의 수학 과제를 더 수월하게 해결한다.

물론 이는 수리적 적성을 타고나지 않은 아동들이 2 더하기 2를 학습한 후에 수학 학습을 중단해야 한다거나 높은 수준의 수학적 역량에는 도달하지 못할 것이라는 의미가 아니다. 단지, 타고난 수리적 적성이 낮은 아동들은 수학적 역량을 높이기 위해 더 열심히, 더 오래 공부해야 한다는 의미다. 이것이 학업 적성이 작동하는 방식이다.

나는 여러 개의 지능(multiple intelligences)이 존재한다는 Howard Gardner의 주장에 동의한다. 어떤 아동은 언어적 능력은 부족하지만 미적 감각은 탁월하다. 나는 수리적인 것은 아주 잘하지만, 대인관계 감수성은 정말 형편없다. 이러한 점을 볼 때 한 종류의 지능만이 있는 것이 아니라는 점은 확실한 것 같다. 전통적인 표준화 성취도 검사를 제작하는 이들은 대체로 수리, 언어, 공간이라는 세 가지 종류의 적성에 특별한 관심을 갖고 있다. 표준화 성취도 검사의 문항 중 상당수가 이러한 세 종류의 적성을 측정하고 있다.

예를 들어, 다음의 4학년 수학 문항을 살펴보자. 이 예시 문항 또한 실제 표준화 성취도 검사에서 뽑은 것으로, 검사 보안을 유지하기 위해 약간의 수정을 가한 것이다.

타고난 적성과 연계된 문항

다음 문자 중 반으로 접었을 때 두 부분이 정확히 일치하는 것은?

a. Z
b. F
c. Y
d. S

이 문항의 정답은 'c'다. 공간 적성이 높은 아동들은 이 문항의 정답을 훨씬 더 쉽게 찾아낼 것이다. 이 문항은 학생의 타고난 수리 적성을 측정하도록 설계된 것이다. 이 문항은 교사가 수업을 통해 기르고자 하는 능력을 측정하고 있는 것이 아니다. 4학년 수학 수업에서 '머릿속으로 문자 접기'를 얼마나 자주 가르치는가? 거의 하지 않을 것이다.

사회경제적 지위와 마찬가지로, 타고난 학업 적성은 모집단에서 꽤 넓은 분산을 가진다. 검사 문항을 여러 적성 중 하나에 연계함으로써 검사 개발자는 전통적인 표준화 성취도 검사가 상대 평가의 역할을 올바르게 수행하기 위해 필요한 정도의 점수 분산을 산출할 가능성을 높일 수 있다.

유전과 연계된 문항은 학생들이 학교에서 배우는 것을 측정하는 것이 아니라 학교에 오기 전 이미 가지고 있던 것을 측정하기 때문에, 이러한 문항 역시 학교 수업의 질을 평가하기에 적합하지 않다. 나는 유전과 연계된 문항은 적성 검사, 특히 일종의 지능 검사의 일환으로 적성 검사를 사용하는 상황에서 제 역할을 할 수 있다고 생각한다. 그러나 적성과 연계된 문항은 성취도 검사에서 필요한 어떠한 역할도 하지 못한다.

반복하건대, 전통적으로 제작되는 표준화 성취도 검사의 평가적 기능은 개별 응시자의 점수를 규준 집단의 점수 분포에 비추어 봄으로써 상대적 비교를 하는 데 있다. 이러한 상대적 비교 즉, 규준참조 해석이 정확하려면 그 검사는 상당한 정도의 검사 점수 분산을 산출해야 한다. 그러나 표준화 성취도 검사 개발자들이 점수 분산을 추구함에 따라, 학교 수업의 효과성을 평가하기에 부적합한 문항이 종종 포함되고 있다.

4. 부적합한 문항의 만연

전형적인 표준화 성취도 검사에는 이러한 점수 분산을 산출하는 문항이 얼마나 될까? 그 수는 검사마다 다르겠지만, 나는 최근에 두 학년에서 사용되고 있는 몇 개의 표준화 성취도 검사를 문항별로 점검해 보기로 하였다. 가능한 한 판단의 객관성을 유지하려고 노력하면서, 학생의 정답에 영향을 미치는 지배적 요인이 사회경제적 지위이거나 타고난 학업 적성인 문항을 표시하였다. 내가 발견한 대략적인 퍼센트는 다음과 같다.

- 읽기 문항의 50퍼센트
- 국어 문항의 75퍼센트
- 수학 문항의 15퍼센트
- 과학 문항의 85퍼센트
- 사회 문항의 65퍼센트

결과는 충격적이었다. 객관성을 유지하려고 노력했지만 여전히 편견이 개입될 가능성을 고려하여 앞의 퍼센트를 절반만 인정한다 하더라도, 검사는 여전히 학교 수업의 질을 평가하는 데 사용하지 말아야 할 문항을 너무 많이 포함하고 있다. 그러나 이러한 문항의 비율을 반으로 줄이더라도 이 검사는 표준화 검사의 전통적인 임무인 상대적 평가를 수행하기에 부족함이 없다.

교사들 각자가 한두 시간을 내어 표준화 성취도 검사에 아동의 사회경제적 지위나 타고난 학업 적성에 강하게 의존하는 문항이 없는지 분석해 보면 좋을 것이다. 그런데 이러한 분석을 할 때 유의해야 할 것이 있다. 먼저, 교사의 입장에서 볼 때 응시자가 꼭 맞혔으면 하는 문항이라고 해서 그 문항이 좋은 문항이라고 판단해서는 안 된다. 교육자들은 본질적으로 응시자들이 모든 문항에서 정답을 맞히길 원해야 하는 것 아닌가? 또한 그 문항을 직성한 사람의 선분성을 인정해서 좋은 문항일 것이라고 가정하고 넘어가서도 안 된다. 우리가 명심해야 할 것은 그 문항이 학교 수업의 효과성을 평가하기보다 학생들 간의 상대적 비교 기능을 충족하는 것을 우선으로 하여 개발된 것이 아닌지 점검하는 것이다.

이러한 분석을 할 때, 우리는 다음 질문에 기초하여 각 문항에 대해 적합, 부적합, 혹은 불확실 등의 판단을 하면 된다.

이 문항은 학교에서 학생들이 배우는 것을 측정하는 데 도움이 되는가?

만약 사회경제적 지위나 유전과 연계된 문항 때문에 부적합 혹은 불확실 판정을 받은 문항이 많을 경우, 그 검사는 수업의 효과성을 평가하는 데 결코 사용되지 말아야 한다.

5. 명확하게 정의되지 않은 표준화 검사의 교수 목표

최근 미국에서는 표준화 성취도 검사에서 학생들의 점수를 높여야 한다는 상당한 압박이 교사들에게 가해짐에 따라 시험 준비와 관련된 산업이 성황을 누리고 있다. '시험 준비(test-prep)' 책자와 컴퓨터 프로그램이 넘쳐나고, 이 중 많은 것이 특정 표준화 성취도 검사에 연계되어 있다. 일부 지역에서는 교사들에게 정규 수업의 상당 부분을 국가수준의 검사 혹은 해당 주의 책무성 프로그램에 맞춘 검사에 대해 준비하는 데 할애하도록 지시하는 비교육적 행태를 일삼고 있다.

불행히도, 많은 주에서 책무성을 평가하기 위해 맞춤형으로 제작한 성취도 검사가 국가수준의 표준화 성취도 검사를 제작한 회사와 동일한 회사에 의해 제작되기 때문에, 그 검사 역시 전통적인 점수 분산을 산출하는 측정 모형에 따라 개발되고 있다. 결과적으로, 주 단위 맞춤 검사라 하더라도 수업의 효과성을 평가하는 데에서는 기존의 국가수준 표준화 성취도 검사보다 나은 점이 없는 경우가 많다.

이 책을 읽고 있는 교사 가운데는 해당 주의 공식 내용기준과 밀접하게 부합하도록 제작된 맞춤 검사를 사용하는 주에 소속된 교사도 있을 것이다. 이 경우, 교사는 맞춤 검사의 결과가 교실 수업의 질에 대한 중요한 시사점을 제공할 것이라고 생각할 수 있다. 그러나 애석하게도, 이러한 경우는 거의 없다.

오늘날 소위 '기준기반' 주 단위 맞춤 검사나 '기준기반' 개혁 전략의 심각한 단점 중 하나는 각 기준별로 개별 학생들의 숙달에 대한 정보를 전혀 제공하지 않는다는 것이다. 교사가 자신의 학생들이 어떤 내용기준을 숙달하고 어떤 내용기준을 숙달하지 못했는지를 알 수 없다면, 자기 수업의 어떤 측면을 수정해야 하는지 어떻게 알 수가 있겠는가? 평가 결과가 기준별로 보고되지 않는다면 교사가 평가를 통해 얻을 수 있는 정보는 고작 학생들의 전반적인 기준 숙달에 대한 일반적인 정보일 뿐이며, 이는 학생들의 숙달에 대해 오해의 소지를 제공할 가능성도 가지고 있다. 즉, 이러한 정보는 교수적 가치가 거의 없다.

대부분의 기준기반 검사가 지니는 또 다른 단점은 검사가 무엇을 측정하고 있는지를 충분히 명시하고 있지 않아서 검사가 측정하고자 하는 전체적인 지식과 기능에 맞추어 가르치기 어렵다는 점이다. 검사는 단지 측정하고자 하는 지식과 기능의 표본에 불과하다는 점을 기억하자. 교사는 이처럼 지식과 기능의 표본으로 구성된 검사에서 얻은 학생의 점수에 기초하여 그 학생이 지식과 기능을 숙달했는지에 관해 추론을 한다. 그러나 제2장에서 논의했듯이, 교사는 실제 수업과 모든 시험 준비 활동을 특정 검사 문항이 대표하고자 하는 전체 지식과 기능에 맞춰야 하며, 검사 자체에 맞춰서는 안 된다. 이 점을 [그림 9-1] 에 도식화하였다.

교사들은 교수적 의사결정을 위해 표준화 성취도 검사를 사용하려 하지만, 그 검사가 측정하고자 하는 것에 대한 서술이 너무 부실하여 수업의 방향을 올바로 잡는 데 어려움을 느낀다. 그렇다면 검사 개발자들이 수업에 도움이 될 수 있는 정보를 구체적으로 서술하지 않는 이유는 무엇인가? 전통적인 표준화 성취도 검사가 상대적 해석을 제공하는 데 문제가 없는 한, 검사 개발자들이

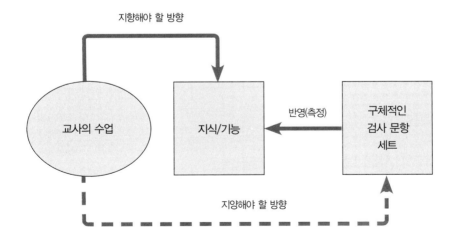

[그림 9-1] 교사의 수업이 지향해야 할 방향과 지양해야 할 방향

측정하고자 하는 지식과 기능에 대한 정보를 상세히 제공해야 할 이유는 없을 것이다.

다음 장에서 살펴보겠지만, 측정하고자 하는 바를 교수적 의사결정에 적합한 수준으로 정의하여 표준화 성취도 검사를 제작하는 것은 가능한 일이다. 그러나 만약 전통적인 표준화 성취도 검사를 어쩔 수 없이 사용해야 한다면, 우리는 검사의 실제 문항에 맞춰 지나치게 구체적으로 가르치지 않도록 유념해야 한다. 시험 준비 활동에 대한 이와 같은 우려에 관해 점검하고자 한다면 교사 스스로 다음과 같은 질문을 할 필요가 있다.

> 시험 준비를 위한 이 활동은 학생들의 검사 수행뿐만 아니라 검사가 대표하고자 하는 지식과 기능의 습득을 향상시키는가?

학생들에게 검사 시간을 신중하게 안배하는 방법 혹은 자신이 가진 정보를 바탕으로 추측을 하는 방법 등과 같은 일반적인 검사 응시 전략을 가르치는 데 한두 시간쯤 할애하는 것은 무방하다. 그러나 시험 준비 활동이 이처럼 모든 학생에게 도움이 되는 간단한 활동 정도가 아니라면, 교사는 검사 자체가 아니라 검사가 대표하고자 하는 지식과 기능에 초점을 두어 시험 준비 활동을 진행해야 한다.

6. 검사의 명칭이 주는 오해

교육자들은 오랫동안 Iowa Tests of Basic Skills 혹은 California Achievement Tests와 같은 검사를 지칭하는 데 '표준화 성취도 검사'라는 명칭을 사용해 왔다. 이 용어는 오늘날 각 주가 아동낙오방지법을 준수하기 위해 준비하는 과정에서 더 자주 사용되고 있다. 그러나 사전적인 정의를 살펴보면, 성취 (achievement)란 '많은 노력을 통해(through great effort)' 달성되는 것이다. 사실 이 정의에서, 성취도 검사는 '배우거나 가르칠 수 있는 무언가에 대해 개인이 얻은 지식 혹은 능력(proficiency)을 측정하는 검사'로 정의되어 있다. 대부분의 사람은 성취도 검사가 '학생들이 학교에서 배운 것'을 측정하는 도구라고 인식한다. 이러한 보편적인 생각으로 인해 많은 교육 정책 입안자들이 학생들의 표준화 성취도 검사 점수가 학교 교육의 질을 평가할 수 있는 지표를 제공한다고 자동적으로 믿게 된 것 같다

앞서 진술한 내용을 통해 여러분은 이미 알고 있지만 대부분의 사람이 여전히 모르고 있는 점은 표준화 검사의 전통적 임무가 성취도 검사의 목적과 어긋난다는 것이다. 적정 수준의 점수 분산을 산출해야 한다는 필요성으로 인해 표준화 성취도 검사는 학생들이 자신의 노력과 교사의 노력으로 성취한 무언가를 측정하는 역할을 잘 수행하지 못한다. 여러 번 지적하였듯이, 표준화 성취도 검사 점수의 상당 부분은 학교에서 배운 것을 반영하는 것이 아니라 그 학생이 학교에 오기 전에 이미 습득한 것을 반영할 가능성이 높다.

교육 공동체는 표준화 성취도 검사가 수업의 질을 결정하는 데 사용될 수 있다는 잘못된 생각이 오늘날 교육 분야에 팽배해 있다는 점에 대해 어느 정도 책임을 져야 한다. 이 점에 대해서는 필자에게도 일부 책임이 있다. 교육자들과 대중이 그런 잘못된 생각을 갖지 못하도록 교육평가 전문가로서 더 열심히 노력했어야 했다. 그러나 이제라도 이렇게 만연된 오해를 바로잡고자 하는 것은 결코 늦지 않다고 본다.

나는 이 장에서 주장하고자 하는 바가 교사들과 학부모, 그리고 평가와 관련된 이슈에 관심 있는 시민들에게 널리 전달되기를 희망한다. 학교 교육의 질을 평가할 수 있는 적절한 방법은 존재한다. 후속되는 두 개의 장에서 그 방법 중 일부를 살펴볼 것이다. 그러나 그 전에 전통적인 표준화 성취도 검사를 사용해

서 교육의 질을 평가하는 것은 매우 잘못된 것이라는 나의 요지가 최대한 널리 알려지기를 바란다.

 수업중심 평가를 위한 팁

- 표준화 성취도 검사를 바탕으로 정확한 규준참조 해석을 제공하기 위해서는 검사 점수의 분산이 어느 정도 커야 한다는 점을 동료 교사와 학부모에게 설명한다.
- 점수 분산을 크게 할 수 있는 문항의 특성에는 중간 난이도 문항, 사회경제적 지위와 연계된 문항, 적성과 연계된 문항 등이 있다는 점을 인식하고, 학교 수업의 질을 평가하는 데 이러한 문항이 어떤 이유로 표준화 성취도 검사의 적합성을 떨어뜨리는지를 설명한다.
- 실제 표준화 성취도 검사의 문항을 검토하여 학생들이 학교에서 배운 내용을 파악하는 데 부적합하다고 생각되는 문항의 비율을 알아본다.
- 전통적인 표준화 성취도 검사에서 학생에 관해 제공하는 정보는 그 검사가 측정하고자 하는 지식과 기능을 교수적 의사결정에 활용하는 데에 도움이 되지 않는다는 점을 인식한다.

추천 참고문헌

Cizek, G. J. (1999). *Cheating on tests: How to do it, detect it, and prevent it.* Mahwah, NJ: Lawrence Erlbaum Associates.

Kohn, A. (2000). *The case against standardized testing: Raising the scores, ruining the schools.* Westport, CT: Heinemann.

Kohn, A. (Program Consultant). (2000). *Beyond the standards movement: Defending quality education in an age of test scores* [Videotape]. Port Chester, NY: National Professional Resources, Inc.

Lemann, N. (2002). *The big test: The secret history of the American meritocracy.* New York: Farrar, Straus and Giroux.

Northwest Regional Educational Laboratory. (1991). *Understanding standardized tests* [Videotape]. Los Angeles: IOX Assessment Associates.

Popham, W. J. (Program Consultant). (2000). *Standardized achievement tests: Not to be used in judging school quality* [Videotape]. Los Angeles: IOX Assessment Associates.

Popham, W. J. (Program Consultant). (2002). *Evaluating schools: Right tasks, wrong tests* [Videotape]. Los Angeles: IOX Assessment Associates.

Sacks, P. (1999). *Standardized minds: The high price of America's testing culture and what we can do to change it.* Cambridge, MA: Perseus Books.

TEST BETTER, TEACH BETTER
제10장

교수학습 지원을 위한
기준기반 평가

　제10장과 제11장에서는 수업과 평가를 연계하는 가장 중요한 측면 중 하나를 살펴볼 것이다. 그것은 바로 교사의 교수 효과성(instructional effectiveness) 평가를 위해 검사 결과가 할 수 있는 역할이다. 제9장에서 우리는 전통적인 표준화 성취도 검사의 결과가 교사의 교수 효과성을 판단하는 데 사용되지 말아야 하는 이유를 살펴보았다. 하지만 표준화 성취도 검사가 해결책이 아니라면 도대체 어떤 검사를 사용해야 한단 말인가?

1. 교육 현실과 최선의 방책

　교사들 중에는 교사 평가를 위한 교육 책무성 프로그램이나 매년 시행되는 성취도 검사가 없던 예전의 평온한 시절로 돌아가기를 바라는 사람들이 있다. 그러나 내가 보기에 이러한 열망은 결코 실현되지 않을 것이다. 오늘날 교사들에게 부과된 검사기반 평가의 압력에 저항하기보다, 그러한 압력을 학생들이 더 나은 교육을 받도록 돕는 데 사용할 수 있도록 노력하는 것이 현명할 것이다.

현실을 직시하자. 교육 책무성 프로그램은 가까운 미래든 먼 미래든 사라지지 않을 것이다. 국민들은 교사들이 학생들을 잘 가르치고 있는지에 대해 항상 의문을 가지고 있다. 게다가, 교사들의 수업이 질적으로 우수하다고 믿을 수 있는 확실한 증거를 원한다. 그리고 중요한 지식과 기능의 숙달을 측정하는 검사에서 학생들이 보여 주는 수행 결과는 앞으로도 모든 교육 책무성 프로그램의 핵심적인 증거가 될 것이다. 그리고 이런 검사는 증거 수집 도구로서의 타당성과 공정성을 의심받지 않도록 표준화될 것이다. 아닌 게 아니라, 국민들은 학생들이 학교에서 배우는 것에 대해 신뢰할 수 있는 검사를 바탕으로 수집된 증거를 원한다. 국민들에게 그러한 종류의 증거를 제공하도록 하는 것은 좋다. 그렇더라도 학생들에게 도움이 될 수 있는 증거여야만 한다.

2. 기준기반 성취도 검사

지금 많은 주에서는 해당 주의 교육과정을 반영하여 맞춤 제작한 주 단위 검사를 매년 실시하면서 공립학교 학생들을 평가하고 있다. 이러한 검사는 주로 그 주의 교육목표나 공식적인 내용기준에 맞추어 제작된다. 따라서 이러한 주 단위 표준화 성취도 검사는 대개 기준기반 검사라고 불린다.

앞서 말했듯이, 애석하게도 이러한 검사의 상당수가 전통적인 표준화 성취도 검사 제작 방식과 거의 동일하게 제작되어 왔고, 그 결과 이러한 검사는 표준화 검사와 유사하게 점수 분산에 초점을 둘 뿐 교육의 질을 평가하기에 부적합하다. 더욱이, 이처럼 맞춤 제작한 기준기반 성취도 검사라 하더라도 전통적인 표준화 검사가 제공하는 것보다 더 나은 교수적 혜택을 제공하는 것도 아니다. 우리가 필요로 하는 것은 전통적인 표준화 성취도 검사가 아닌 새로운 표준화 검사로서, 규준참조 비교에 의존하지 않으면서 교육 책무성 프로그램의 설계자들이 요구하는 평가적 증거까지 함께 제공하는 검사다. 따라서 책무성 평가의 임무를 온당하게 수행하면서도 교사의 수업에 도움이 될 수 있는 표준화 검사를 개발하는 것이 바람직한 접근 방식이라고 하겠다. 이러한 접근은 실제로 가능하다.

3. 기준기반 성취도 검사가 교수 지원적 성격을 가지도록 하는 요소는 무엇인가

교사의 수업을 돕기 위해서 책무성에 초점을 둔 표준화 검사가 지녀야 할 세 가지 특징을 살펴보기 전에, 규준참조 해석을 도출하는 검사와 준거참조 해석을 도출하는 검사를 구분하는 방법에 대해 설명할 필요가 있다.

앞 장에서 보았듯이, 학생의 검사 점수를 규준 집단의 점수 분포에 견주어 볼 때, 우리는 이것을 규준참조 해석 혹은 규준참조 추론이라고 부른다. 만약 학생의 검사 점수를 명확히 정의된 지식 혹은 기능에 견주어 볼 때, 우리는 이것을 준거참조 해석 혹은 준거참조 추론이라고 부른다. 예를 들자면, 규준참조 해석은 "Jamal은 표준화 성취도 검사에서 백분위 93에 해당하는 점수를 받았다."와 같은 것이다. 준거참조 해석은 "Hillary는 '스펠링 박사' 단어 리스트에 있는 500개의 단어 중 85퍼센트를 숙달했다."와 같은 것이다.

여기서 주목해야 할 것은 규준참조 또는 준거참조의 대상이 되는 것이 검사 자체가 아니라 검사 점수에 기초한 추론이라는 점이다. 사실, 하나의 검사는 규준참조 해석과 준거참조 해석 모두를 제공할 수 있도록 특별히 개발될 수 있다. 사람들이 '규준참조 검사'라고 말할 때 이는 그 검사가 주로 응시자들에 대한 규준참조 추론을 할 수 있도록 제작되었다는 것을 의미한다.

표준화 성취도 검사가 교사의 수업을 돕고 책무성 증거도 제공할 수 있는 교수 지원적(instructionally supportive) 검사가 되려면 검사를 통해 준거참조 해석을 의미 있게 할 수 있도록 제작되어야 한다. 이 점은 검사 개발자들이 점수 분산을 높여야 한다는 의무감에서 벗어날 수 있도록 하기 때문에 매우 중요하다. 만약 아무도 응시자의 점수를 규준 집단에 견주어 보는 데 관심을 가지지 않는다면 더 이상 점수 분산을 높이는 문항을 검사에 포함할 필요가 없다. 그 대신 검사 개발자들은 특정한 내용기준에 대한 학생들의 숙달 정도에 관해 상당히 정확한 증거를 제공할 수 있도록 표준화 성취도 검사를 제작해야 한다. 이것이 교수 지원적 표준화 성취도 검사가 지녀야 할 첫 번째 특성이다.

1) 기준별 학업성취도의 보고

표준화 성취도 검사가 수업에 도움이 되기 위해서는 검사에 응시한 각 학생의 검사 결과를 내용기준별로 상세히 제공해야 한다. 교사들이 개별 학생에 대해 이러한 종류의 기준별 정보를 가지게 되면, 성취도 검사의 결과를 그들이 이미 알고 있는 학생의 강점 및 약점과 관련지을 수 있다. 이어서, 교사들은 이러한 통합적 정보를 사용해서 자신이 사용하는 수업 방법의 장점을 재고할 수 있다. 예를 들어, "James, Sarita, Bisham, Jack 이 네 명의 학생들은 모두 수학을 어려워하고 있다. 이 학생들은 모두 수학과 내용기준 1, 2, 4에서 좋은 점수를 얻었는데, 이 기준을 가르칠 때 나는 A라는 수업 방법을 사용하였다. 반면, 이 학생들은 내용기준 3에 대해서는 저조한 성적을 보였는데, 이 기준을 가르칠 때 A 방법을 사용하지 않았다. 내년에 내용기준 3을 가르칠 때는 수업 방법 A를 사용하도록 해야겠다." 학생들이 어떤 내용기준을 숙달했는지에 대해 교사들이 알 수 없다면, 자신들의 수업 중 어떤 요소를 유지하고 어떤 요소를 재

편성해야 할지 알 수 없다.

현재는 소수의 주에서만 학생들에게 기준별 결과를 제공하고 있다. 이러한 주에서 실시하는 주 단위 검사는 공교육의 향상을 목적으로 하는 '기준기반 개혁' 전략의 초석이 될 것이다. 그러나 대부분의 주에서 매년 검사를 실시한 후 교사들에게 제공하는 정보는 학생들이 그 주 전체의 공식적인 내용기준에 대해 어떻게 수행하였는지를 대략적으로 나타내는 전반적인 보고다. 개별 학교는 표준화 성취도 검사를 바탕으로 주에서 다음과 같은 정보를 받는다. "통계적 개념과 관련된 6개의 내용기준에 대해, 귀교 학생들의 37퍼센트가 우수 수준의 점수를 받았고, 23퍼센트가 보통 수준의 점수를 받았으며, 24퍼센트가 기초 수준의 점수를 받았고, 16퍼센트가 기초 미달 수준의 점수를 받았습니다." 교사들이 이와 같은 정보를 수업에 별 도움이 되지 않는 것으로 생각하는 것은 당연하다.

검사 결과를 기준별로 보고하게 되면 교사들에게 도움을 줄 뿐만 아니라, 학부모의 입장에서도 핵심 내용기준에 대한 자녀의 숙달에 관해 구체적인 정보를 얻을 수 있다는 점에서 유용하다. 물론 학생들에게도 도움이 된다. 학생들 각자가 어떤 내용기준을 숙달했는지를 알 수 있다면 이 정보가 학습에 도움이 되지 않을 리 없다. 기준기반 검사가 수업의 향상에 진정으로 기여하려면 기준별 보고는 반드시 필요하다.

2) 주요 내용기준에 초점을 둔 정확한 평가

교수 지원적 기준기반 검사의 두 번째 특성은 앞서 설명한 첫 번째 특성으로부터 자연스럽게 따라 나온다. 기준기반 검사가 기준별 결과를 제공할 수 있으려면, 그 검사는 각 기준별로 학생의 숙달 수준을 정확히 추론할 수 있도록 충분한 수의 문항을 포함하고 있어야 한다. 그러나 모든 내용기준마다 충분한 수의 문항을 포함하려고 하면 검사 전체로 볼 때는 내용기준의 수를 상당히 줄여야 한다.

검사는 두 시간 이내에 실시되어야 하기 때문에, 교수 지원적 기준기반 검사는 약 5~6개 정도의 내용기준만을 평가하게 될 수도 있다. 따라서 검사에 포함되는 기준은 모두 매우 중요한 기준이어야 한다. 이 때문에, 기준기반 검사의 제작자들은 주에서 선정한 공식적 내용기준 가운데 가장 중요한 기준을 평가하도록 검사를 제작해야 한다. 교수적 관점에서 볼 때, 검사가 많은 수의 기능을 부정확하게 측정하기보다는, 적지만 매우 중요한 기능을 정확하게 측정하는 것이 더 낫다.

이상적으로, 검사 개발자가 우선적으로 고려하고자 하는 내용기준 리스트의 최상위에 있는 기준은 매우 중요한 인지적 기능을 구현하는 것들로서, 소수의 지식과 기능만이 해당될 것이다. 중요한 기능의 좋은 예로 학생이 다양한 유형의 독창적인 에세이를 작성할 수 있는 능력을 들 수 있다. 학생에게 작문 샘플을 작성하도록 한 다음, 총체적 루브릭을 사용하여 작문의 수준을 전반적으로 평가하거나 분석적 루브릭을 사용하여 글의 조직이나 표현 기법과 같은 다양한 하위 기능에 관하여 평가할 수 있다.

이처럼 매우 중요한 기능에 대한 학생들의 숙달 정도는 당연히 교육 책무성 프로그램에서 사용될 수 있고, 학교나 지역구를 평가하는 데 도움이 될 수 있다. 예를 들어, 작문기능 검사에서 학생들의 수행 수준이 우수, 보통, 기초, 기초 미달로 분류된다고 하자. 지역별로 네 개의 수행 수준에 속하는 학생들의 퍼센트를 계산하게 되면 학생들의 작문 능력을 비교하는 작업을 아주 간단히 수행할 수 있다. 실지로, NCLB 법은 각 학교, 지역구, 주 단위에서 기초, 보통, 우수에 대한 수행기준을 설정하고 그 기준 이상에 속하는 학생들의 비율이 매년 증가하고 있음을 증명해 보일 것을 요구하고 있다. 요컨대, 여기서 서술하고 있는 종류의 검사는 교사들이 더 잘 가르치는 것을 도울 뿐만 아니라, 교육 책무성 프로그램이 궁극적으로 학생들에게 최선의 이익이 되게끔 기능하도록 하는 데 필요한 증거를 산출할 것이다.

그러나 주요 내용기준에 초점을 맞추어 기준별로 평가하는 것이 가지는 치명적인 단점이 하나 있다. 성취도를 높여야 한다는 압박 때문에 주 단위 기준기반 검사에서 평가되지 않는 후순위 내용기준을 수업에서 소홀히 취급할 위험성이 있다는 점이다. 이처럼 수업 내용의 범위가 축소되면 학생들의 능력 개발이 제한될 수도 있다.

이러한 교육과정 단순화 경향이 발생하는 것을 막기 위해서, 교사들은 시역구나 주 당국에 각 학교에서 선택할 수 있는 교실 평가 도구를 추가로 제공하도록 요청해야 한다. 이러한 평가 도구는 주에서 공식적으로 승인한 내용기준 가운데 주 단위 기준기반 검사에서는 평가되지 않는 내용기준에 대한 학생들의 숙달 정도를 평가하는 데 사용될 수 있다. 또한 학교나 지역구, 주 단위에서 교육과정 내용의 범위를 점검할 수 있는 여러 가지 방안을 마련하여 표준화 성취도 검사에서 평가되지 않는 내용기준이 수업과 평가에서 다루어질 수 있도록 노력해야 할 것이다.

3) 내용기준에 대한 명확한 기술

마지막으로, 교수 지원적 기준기반 검사에 의해서 평가되는 지식과 기능은 교사들이 가르쳐야 할 것이 무엇인지를 제대로 이해할 수 있도록 자세히 서술되어야만 한다. 따라서 검사에 포함될 가장 중요한 내용기준에 대해, 학생들이 그 내용기준을 측정하는 문항을 푸는 데 인지적으로 요구되는 것을 두세 개의 문단으로 이해하기 쉽게 설명한 평가 설명서(assessment description)를 교사들에게 제공해야 한다. 이러한 평가 설명서를 통해 교사들은 각 내용기준을 측정하는 문항이 학생들에게 어떤 인지적 요구를 부과하는지를 분명히 파악할 수 있어야 한다. 그리고 각 평가 설명서에는 여러 개의 예시 문항이 함께 따라야 할 것이다. 같은 내용기준을 평가하는 문항은 반드시 동일한 인지적 요소를 다루어야 한다. 각 문항은 평가 결과를 일반화하기 쉽도록 다양한 유형으로 제작되는 것이 좋다.

내용기준에 대한 평가 설명서가 제공된다면 교사들은 자신들의 교수 목표를 검사 자체에 두지 않고, 검사가 측정하고자 하는 지식과 기능에 둘 수 있을 것이다. 이것이 우리가 추구해야 할 수업의 올바른 모습이다. 만약 교사들이 수업을 특정한 검사 문항에 맞추어 진행한다면, 검사 점수는 향상될지 모르지만 그 검사가 측정하고자 하는 지식과 기능에서 학생들의 실력이 향상되지는 않을 것이다.

지금까지의 논의를 요약하면, 교수 지원적 교육 책무성 검사[1]의 세 가지 특징은 첫째로 기준별 학업성취도의 보고, 둘째는 핵심적인 내용기준의 정확한 평가, 셋째는 측정하고자 하는 내용기준에 대한 명확한 기술이다.

4. 교수 지원적 평가의 예시

주 단위 교육 책무성 검사가 앞서 요약한 교수 지원적 성격을 띠기 위해서는 어떠한 모습으로 제작되어야 할까? 〈표 10-1〉에 간단히 예시된 책무성 검사 프로그램의 예를 통해 그 아이디어를 살펴보자.

---

1) 교수 지원적 교육 책무성 검사의 제작 방법에 관한 자세한 사항은 교수지원평가위원회(Commission on Instructionally Supportive Assessment)의 2001년 보고서 『Building Tests That Support Instruction and Accountability: A Guide for Policymakers』를 보라. 이 보고서는 www.aasa.org, www.naesp.org, www.principals.org, www.nea.org, 혹은 www.nmsa.org 등에서 온라인으로 제공된다.

〈표 10-1〉 교수 지원적 교육 책무성 검사 프로그램의 예시

개요: 매년 3~8학년과 10학년에 실시되는 X주의 책무성 검사는 주에서 선정한 가장 중요한 내용기준을 평가한다.

- **평가 내용** 주 교육청에서는 평가 대상이 되는 교과별로 약 100개의 내용기준을 확인하였다. 교육 전문가 및 시민들로 구성된 위원회에서는 내용기준에 우선순위를 부여하여 각 학년의 검사가 5~9개의 주요 내용기준만 다루도록 하였다. 주 교육 당국은 각 학년별 내용기준을 상세하고 명확히 기술하기 위해 심혈을 기울였다.
- **평가 설명서** 각 내용기준의 핵심 요소는 대부분의 교사가 수업을 계획할 때 참고할 수 있도록 주에서 발행한 평가 설명서에 상세히 설명된다.
- **결과 보고** 책무성 검사가 실시된 후에는 학생들의 성취 수준이 1년에 한 번씩 내용기준별로 보고되기 때문에, 교사들은 수업의 어떤 부분이 효과적이었고 어떤 부분에서 개선이 필요한지에 관해 쉽게 판단할 수 있다. 학생들과 학부모들도 매년 각 평가 내용기준에 대한 학생별 숙달 정도에 관한 보고를 받는다.
- **검사와 관련된 평가 전문성 개발** 교사들과 행정가들은 주의 책무성 프로그램과 직접적으로 관련된 교원 연수에 정기적으로 참여한다. 교원 연수 프로그램의 첫 번째 주제는 교사들이 학생들의 내용기준별 검사수행에 기초하여 자신들의 수업을 향상시킬 수 있는 최선의 방법에 관한 것이다. 교원 연수 프로그램의 두 번째 주제는 시간상 주 단위 검사에서 다룰 수 없었지만 학생들이 숙달해야 한다고 판단한 내용기준을 측정하는 교실 검사를 교사 스스로 제작하는 방법을 다룬다.
- **선택 평가** 올해 처음으로 주 교육 당국은 각 학년의 평가 내용기준에 대한 학생들의 숙달 정도를 측정하기 위해 고안된 교실 평가 도구를 배포하고 학교에서 검사 실시 여부를 자유롭게 선택하도록 하였다. 교사들은 선택용 평가 도구를 사용하여 일 년 동안 학생들이 주에서 승인한 내용기준을 얼마만큼 숙달해 가는지를 판정한다.
- **교육과정의 범위를 확보하기 위한 조치** 주 교육 당국은 학교 교육과정의 범위를 점검하기 위한 절차를 기술하였다. 주에서는 각 학교의 교실 수업에서 다루어지는 교과 목표가 교육과정 내용기준을 충분히 다루고 있는지를 점검할 수 있는 증거를 제공하도록 하였다. 또한 교사들에게 다양한 선택용 교실 평가 도구를 이용하여 "주에서 승인하였지만 주 단위 표준화 검사에서 평가되지 않은" 내용기준에 대한 학생들의 숙달 정도를 측정할 수 있도록 하였다.

요약: X주의 교육청과 학교는 매년 책무성 검사와 별도로 교사들의 사전/사후 검사 결과나 학생들의 출석률 등 다른 지표에 기초하여 엄격한 평가를 받고 있음에도 불구하고, 책무성 프로그램에 대체로 만족하고 있다. 대부분의 교사가 자신의 교수 방식에서 어떤 부분이 향상되어야 하는지에 초점을 맞추어 주 단위 평가로부터 필요한 증거를 수집해 왔기 때문이다. 주에서 평가하는 내용기준에서 학생들의 성취가 향상되고 있다는 점을 고려할 때, 이 주의 교사들은 성공적으로 임무를 수행하고 있다고 볼 수 있다.

〈표 10-1〉에 제시된 책무성 검사 프로그램은 실제 존재하는 사례는 아니지만, 실지로 존재할 수 없다고 볼 이유도 없다. 이 검사 프로그램을 보면, 신뢰할 만한 책무성 증거를 제공할 뿐만 아니라 교사들이 수업을 더 잘하는 데 도움이 될 수 있는 주 단위 검사를 제작하는 것이 가능하다는 확신을 얻을 수 있다.

그렇다면, 교육 책무성 평가에 교수 지원적 검사를 사용하도록 하려면 교사들은 어떻게 해야 하는가? 교사들이 소속된 교원 단체 등을 통해 이러한 검사가 사용될 수 있도록 최대한의 영향력을 발휘하는 것도 하나의 방법이다. 교사들은 먼저 여러 부문의 교육정책 입안자들에게 이 장에서 설명한 평가적 이슈를 알리고, 그들이 교수 지원적 기준기반 검사의 사용을 지지하도록 촉구해야 한다.

소극적인 교사라면, 동료 교사들에게 전통적인 표준화 성취도 검사가 학교를 평가하는 데 사용되지 말아야 하는 이유를 알리는 일부터 시작할 수 있을 것이다. 그런 다음 동료 교사들에게 그러한 목적을 위해서 교수 지원적 검사를 사용해야 하는 이유를 설명할 수 있을 것이다. 그리고 이러한 평가적 이슈에 관한 정보를 학부모들에게 알리는 것도 잊지 말아야 할 것이다. 학부모들은 자녀들이 응시하는 표준화 검사가 자녀들의 수업에 해를 주는 것이 아니라 도움을 주는지를 확인하는 데 중요한 이해 관계자들이다.

수업중심 평가를 위한 팁

- 동료 교사들에게 교수 지원적 기준기반 검사의 세 가지 특징인 기준별 학업성취도의 보고, 핵심적인 주요 내용기준의 정확한 평가, 측정하고자 하는 내용기준에 대한 명확한 기술 등에 관해 설명한다.
- 정책 입안자들을 설득하여 교수 지원적 기준기반 검사가 전통적인 표준화 성취도 검사를 대체하도록 하거나 적어도 보완할 수 있도록 한다.

추천 참고문헌

Commission on Instructionally Supportive Assessment. (2001, October). *Building tests to support instruction and accountability: A guide for policymakers.* Washington, DC: Author.

Kiernan, L. J. (Producer). (1996). *Reporting student progress* [Videotape]. Alexandria, VA: Association for Supervision and Curriculum Development.

Linn, R. L. (2000, March). Assessments and accountability, *Educational Researcher, 29*(2), 4-16.

Popham, W. J. (2001). *The truth about testing: An educator's call to action.* Alexandria, VA: Association for Supervision and Curriculum Development.

교수적 효과에 대한 증거 수집

앞서 언급한 바 있듯이, 교육 책무성 시스템을 기획하는 사람들이 표준화 검사에 의존하는 주된 이유는 교사들이 자신의 교수 활동이 성공적이었는지 실패했는지에 관해 정확한 증거를 제공할 것이라고 믿지 않기 때문이다. 솔직히 말해서, 이러한 불신이 전혀 근거 없는 것도 아니다. 아무도 평가를 통해 자신이 무능력하다는 판정을 받고 싶어 하지 않는다. 책무성 시스템 기획자들은 표준화 검사가 다른 어느 것보다 믿을 만한 증거를 제공한다고 생각하기 때문에 학생의 표준화 검사 점수를 평가의 핵심 요소로 삼는다.

그러나 하나의 자료로는 학교, 교사, 혹은 학생들에 대해 중대한 결정을 내릴 수 없기 때문에, 표준화 검사 점수와 별도로 교사의 교수적 성공을 판단할 수 있는 다른 증거를 보충해야 한다. 교사의 교수 효과를 판단하기 위해 보조적으로 사용할 증거는 신뢰성이 확보된 것이어야만 한다. 증거가 타당해 보이지 않는다면 아무도 신뢰하지 않을 것이고, 결국 교사의 효과성을 판단하는 데 아무런 도움이 되지 않을 것이다.

1. 사후 검사를 중심으로 한 자료수집 설계

제1장에서 보았듯이, 교사의 교수 효과를 살펴보기 위해 연간 1회 실시되는 표준화 성취도 검사 결과를 활용하는 방법이 가지는 가장 큰 단점은 교사가 담당하는 학생들의 능력이 해마다 변한다는 것이다. 올해 한 교사가 가르치는 5학년 학급이 총명하고 동기가 높은 학생들로 구성되어 있다면 표준화 검사에서 우수한 결과를 보일 것이다. 그러나 내년에 그 교사가 능력이 현저히 떨어지는 학생들로 구성된 5학년 반을 맡게 된다면, 그 학생들의 검사 점수는 상당히 저조할 것이다. 이처럼 5학년 학생들의 점수가 1년 동안 하락했다고 하여, 그 교사의 교수 효과성이 감소했다고 할 수 있을까? 물론 그렇지 않다. 학생들의 특성이 달라졌다는 것을 고려해야 한다.

교사들의 교수 효과를 보다 정확히 파악하는 일에서 관건은 그 교사에게 배운 동일한 학생들로부터 증거를 수집하는 것이다. 이를 위한 한 가지 방법은 [그림 11-1]에 제시된 바와 같이 교수학습을 마친 후에 학생들의 수행을 검사하는 것이다. 이 방법은 사후 검사 단일 설계(post-test-only design)라고 불린다. 이 설계의 단점은 학생들의 교수 전 상태를 원인으로 고려하지 않는다는 것이다. 만약 학생들이 교수학습 진행 후 실시되는 사후 검사에서 우수한 성적을 보였다면, 그것은 그 교사가 잘 가르쳤기 때문인가 아니면 학생들이 검사에서 질문된 내용을 이미 알고 있었기 때문인가? 비교할 수 있는 기준이 없기 때문에, 사후 검사 단일 설계로는 교수의 효과를 정확히 분리해 낼 수 없다.

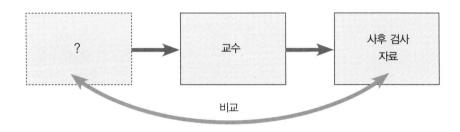

[그림 11-1] 사후 검사 단일 설계

2. 사전-사후 검사 자료수집 설계

교사가 학생들을 얼마나 잘 가르쳤는지를 파악하기 위해 가장 흔히 사용하는 자료수집 설계는 [그림 11-2]에 제시된 사전-사후 검사 설계다. 이 설계는 제1장에서 이미 간략히 소개한 바 있다. 이 설계가 작동하는 원리를 이해하는 것은 어렵지 않다. 이 설계에서 교사는 학생들에게 같은 검사를 교수 전과 후에 각각 실시한다. 예를 들어, 20문항 검사를 학년 초에 실시한 후 학년 말에 그 검사를 다시 실시하는 것이다. 학기 단위로 교수 효과성을 파악하고자 한다면 학기 초에 검사를 실시하고 학기 말에 다시 그 검사를 실시하면 된다.

전통적인 사전-사후 검사 평가 모형의 장점은 동일한 학생들에게 수업 전과 후에 측정하여 얻은 두 세트의 자료를 비교함으로써 사후 검사 단일 설계보다 교사의 교수 효과를 더 분명히 파악할 수 있다는 것이다. 학생들의 이동성이 높은 학급의 경우, 교수의 효과가 전달될 수 있을 만큼 충분한 기간에 그 학급에 머물렀던 학생들만을 대상으로 사전과 사후의 수행을 비교하는 것이 합리적이다. 모든 학생이 사후 검사를 받게 되겠지만, 교수의 효과를 평가하기 위해서 충분한 교수 시간, 가령 8주 이상 동안 학급에 머물렀던 학생들의 사후

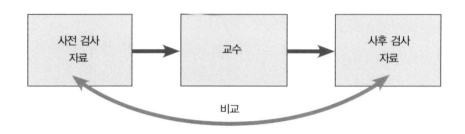

[그림 11-2] 사전-사후 검사 자료수집 설계

검사 점수를 분석하는 것이 좋다.

그러나 사전-사후 검사 모형에는 교수 효과를 평가하는 데 정확성을 감소시키는 몇 가지 문제가 있다. 한 가지 주요 단점은 동일 검사를 교수 전과 후에 사용함으로써 발생하는 사전 검사 반응성(pretest reactivity)이다. 사전 검사 반응성이란 학생들이 사전 검사에 대한 경험으로 인해 사후 검사에서 다르게 반응하는 것을 의미한다. 즉, 학생들은 시험에 무엇이 나올지 이미 알고 있는 상태가 된다는 것이다. 설령 학생들의 성적이 올랐다 할지라도, 학생들이 무언가를 배워서라기보다는 단순히 지난번 경험을 통해 검사를 통과하는 방법을 터득했기 때문일지도 모른다. 이런 추측은 충분히 가능하다.

그렇다면 사전 검사와 사후 검사에서 서로 다른 검사를 사용하는 것은 어떤가? 사전 검사 반응성을 방지할 수 있는 좋은 아이디어처럼 보이지만, 난이도가 동등한 두 개의 검사를 개발하는 일은 일반적으로 사람들이 생각하는 것보다 훨씬 더 어렵다. 사전 검사와 사후 검사의 난이도가 동일하지 않으면 검사 결과를 해석하는 데 온갖 종류의 혼란이 발생하게 된다. 만약 사후 검사가 사전 검사보다 더 어렵다면 사후 검사 점수가 더 낮을 가능성이 높고, 따라서 교사의 수업은 어찌되었든 효과성이 낮은 것으로 보일 것이다. 반대로, 사전 검사가 사후 검사보다 훨씬 더 어려웠다면, 교사는 실지로 그렇지 않음에도 수업

을 성공적으로 한 것으로 보일 것이다. [그림 11-2]에 제시된 기본적인 사전-
사후 검사 모형을 사용하여 교수적 효과성을 평가하는 데에는 여러 가지 문제
점이 발생할 수 있다. 그러나 이러한 단점을 개선할 수 있는 모형이 있다.

3. 개선된 증거 수집 방법: 반분–교체 자료수집 설계

이 절에서는 표준적인 사전-사후 검사 설계에서 발생할 수 있는 어려움을
피하면서 사전 검사와 사후 검사를 비교하기 위한 방법을 기술하고자 한다. 여
기서 설명하고자 하는 자료수집 설계는 반분–교체(split-and-switch) 모형이
라 불리며, 교실 평가에서는 다음과 같이 적용된다.

• **학생들이 습득해야 할 기능을 선택한다.**　학생들이 교사의 수업을 통해 한
학기 혹은 일 년 동안 습득해야 할 중요한 기능이나 능력을 한 가지 선택한다.
가르치고 평가해야 할 기능이나 능력이 중요한 것일수록 교수 효과에 대한 증
거는 그만큼 더 인상적일 것이다.

• **평가 유형을 선택한다.**　중요한 기능이나 능력을 평가하는 데 가장 적합한
문항 유형은 대부분의 경우 구성형 문항이다. 수행 평가는 이상적인 평가 방법
이라고 볼 수 있다. 구성형 검사를 선택하게 되면 학생들의 응답을 평가하기
위한 채점 루브릭을 개발해야 한다.

• **두 개의 검사형을 개발한다.**　선택한 기능 혹은 능력에 대한 학생들의 숙
달 정도를 측정하기 위해 두 개의 검사형(test forms)을 개발한다. 그 검사형을
A형 검사(Form A)와 B형 검사(Form B)라고 부르자. 이 두 검사형은 난이도가

동일할 필요는 없으나 유사해야 하고, 검사 실시에 걸리는 시간은 대략 동일해야 한다.

• **두 개의 검사 집단을 만든다.**   학급을 무작위로 두 집단으로 나눈다. 출석부의 이름 순서대로 학급을 두 집단으로 나누는 것도 하나의 방법이다. 이렇게 구성된 두 집단을 반분 학급 1과 반분 학급 2로 부른다.

• **사전 검사를 실시하고, 교수 활동이 종료된 후 사후 검사를 실시한다.**   마지막 단계는 검사를 실시하는 단계다. 사전 검사로 한 집단에 하나의 검사형을 실시하고, 다른 검사 집단에 다른 검사형을 실시한다. 예를 들어, 반분 학급 1이 A형 검사에 응시하고, 반분 학급 2는 B형 검사에 응시한다. 교수 활동이 종료된 후 실시되는 사후 검사에서는 각 집단이 사전 검사 때 응시하지 않은 검사형에 응시하도록 '두 검사형을 교체하여' 실시한다.

• **검사 자료 세트를 비교한다.**   결과적으로 교사는 두 세트의 비교 분석 자료, 즉 A형 검사에 대한 사전 검사 자료와 사후 검사 자료, B형 검사에 대한 사전 검사 자료와 사후 검사 자료를 얻게 되며, 각 검사형에 대해 사전 검사 자료와 사후 검사 자료를 적절히 비교할 수 있다. 이와 같이 두 개의 비교 분석을 허용하는 반분-교체 자료수집 설계의 기본 구조는 [그림 11-3]과 같다.

교사가 보고 싶은 것은 당연히 사후 검사에서 대부분의 학생이 높은 수행을 보이고 있다는 결과다. 각 반분 학급이 사후 검사에서 새로운 검사형에 응시했기 때문에 사전 검사 반응성은 발생하지 않는다. 그리고 교사의 교수 효과를 볼 수 있는 두 가지 분석 결과를 별도로 산출하기 때문에, 각 분석 결과는 정적이든 부적이든 상호 간에 분석 결과를 확증해 준다. 이 설계에서는 A형 검사의 사전 자료와 사후 자료를 비교하고, B형 검사의 사전 자료와 사후 자료를 비교

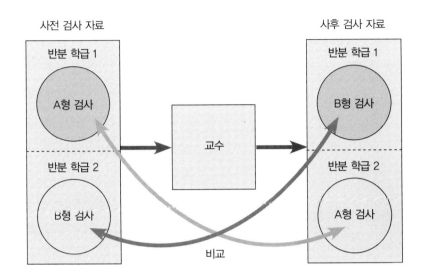

[그림 11-3] 반분-교체 자료수집 설계

하고 있기 때문에, 설령 A형 검사가 매우 어렵고 B형 검사는 쉬운 검사라 하더라도, 난이도의 차이에서 오는 문제는 발생하지 않는다.

1) 신뢰성 향상 방법

앞서 설명한 반분-교체 설계를 수정 없이 그대로 사용할 수도 있지만, 필요에 따라 약간의 수정을 가해도 좋다. 다음은 이에 대한 하나의 예시다.

• 사전 검사와 사후 검사를 블라인드 채점한다. 블라인드 채점(blind scoring)을 하는 이유는 학생들의 성취도가 향상되지 않았음에도 불구하고 향상했다고 믿고 싶어 하는 교사의 심리가 은연중에 반영되어 채점 결과가 왜곡될 가능성을 없애고자 하는 것이다. 답안지를 제작할 때 사전 검사와 사후 검사에 모두

사용될 수 있도록 각 검사형에 대해 동일한 형태의 답안지를 제작하는 것이 좋다. 사전 검사 답안지를 수거할 때, 이 답안지가 사전 검사에서 수거한 답안지라는 것을 식별할 수 있도록 자신이 정한 숫자나 부호를 기입한다. 예를 들어, 사전 검사 답안지에는 홀수를 기입하는 것도 하나의 방법이다. 교수의 시작 시점에서 학생들의 능력 수준을 알고 싶으면, 학생들의 사전 검사 답안지를 훑어봐도 좋지만 채점은 하지 않는다. 그런 다음 각 검사형에 대한 답안지를 안전한 곳에 보관한다.

학기 말이나 학년 말에, 사후 검사 답안지에 대해서도 동일한 작업을 실시한다. 이번에는 답안지의 뒷면에 짝수를 기입한다. 사후 검사 점수를 어떤 목적으로 사용해도 상관없지만, 만약 학기 말 성적을 부여하는 데 사후 검사 점수를 사용하고자 한다면 A형 검사와 B형 검사 간의 난이도 차이는 반드시 고려해야 한다.

마지막으로, 두 세트의 검사 자료를 비교할 때, A형 검사의 사전 답안지와 사후 답안지를 서로 섞고, B형 검사의 답안지에 대해서도 동일한 작업을 한다. 모든 답안지의 채점을 마친 후, 답안지에 적힌 부호를 사용하여 사전 검사 결과와 사후 검사 결과를 분리한다. 그 다음 비교 결과를 바탕으로 자신의 교수 효과에 대해 어떠한 정보를 얻을 수 있는지 살펴본다.

• **공정성 확보를 위해 제3자에게 채점을 맡긴다.**   사전 검사나 사후 검사의 평가를 교사가 직접 하지 않고 다른 사람에게 부탁하게 되면, 공정한 판단을 바탕으로 교수 효과에 대한 증거의 신뢰성을 향상시킬 수 있다. 교사가 그 학기에 가르칠 학생들의 출발점 수준을 파악하기 위해 학생들의 사전 검사 답안지를 훑어본다거나, 학기 말 성적 부여를 위해 사후 검사 답안지를 검토하는데 시간을 보내다 보면, 그 교사는 어느 것이 사전 검사 답안지이고 어느 것이 사후 검사 답안지인지 구별할 가능성이 높다.

이러한 채점 문제를 해결할 수 있는 한 가지 방법은 학부모 자원자를 활용하는 것이다. 먼저 학부모 자원자들에게 평가 루브릭을 제공하고 사용법에 대해 간단한 오리엔테이션을 한다. 학부모 자원자들은 A형 검사의 사전 검사 및 사후 검사 답안지 전체를 채점한다. A형 검사의 모든 채점 결과를 전해 받은 교사는 자신이 부여한 부호를 사용하여 사전 검사와 사후 검사의 채점 결과를 분리하고, 학생의 사전 검사 결과와 사후 검사 결과를 비교한다. 동일한 절차를 B형 검사에 적용한다.

교사가 공정한 채점자를 활용하여 학생들의 응답을 블라인드 채점했디면, 그 결과는 책무성 평가를 위해 진정으로 믿을 만한 자료가 될 것이다. 이 결과는 교사가 수업을 잘하고 있는지를 파악하는 데에 교사 자신뿐만 아니라 외부 사람들에게도 많은 정보를 줄 것이다.

2) 평가 설계 시 주의 사항

물론, 최선의 평가 설계에도 허점이 있을 수 있다. 반분-교체 설계가 가지는 가장 큰 약점은 교사들이 설계의 취지를 무시하고 검사 자체를 위해 가르칠 경우 학생들의 능력 숙달에 대한 검사기반 추론의 타당성이 저하될 수 있다는 것이다. 교사들은 항상 향상시키고자 하는 능력을 지향하여 가르쳐야 하며, 결코 그 능력을 측정하기 위해 사용되는 검사를 지향하여 가르쳐선 안 된다.

반분-교체 설계가 안고 있는 또 다른 문제점은 안정적인 자료를 산출하기 위해서 많은 수의 학생들이 필요하다는 점이다. 만약 학급의 크기가 20명 이하로 작은 규모라면, 일반적인 사전-사후 검사 설계를 사용하는 것이 더 낫다. 이 설계를 사용하더라도, 앞서 기술한 블라인드 채점 방식을 활용하여 사전 검사 및 사후 검사 채점 자료의 신뢰성을 높이는 것이 가능하다.

이러한 단점에도 불구하고, 반분-교체 설계는 교수 효과의 증거를 수집하는 데에 신뢰성을 강화할 수 있는 좋은 수단이다. 물론, 이렇게 수집된 증거를 통해 교사가 기대하는 만큼 수업이 제대로 이루어지지 않고 있다는 것이 드러나면, 교사는 대안적인 교수 전략을 사용하여 그 단점을 해결해야 할 것이다.

나는 교사가 자신의 수업을 통해 소수의 중요한 학습 성과에 대한 학생들의 숙달을 향상시켰는지를 평가하는 데 반분-교체 설계를 사용할 것을 제안한다. 솔직히 말해서, 이 설계를 실시하는 데에는 많은 시간이 소모되고 전통적인 검사 방식보다 더 많은 어려움이 따른다. 신중하게 판단하되, 꼭 사용할 것을 권한다. 나는 교사들이 이 설계를 좋아하리라 믿는다.

4. 사전 및 사후 평가를 통한 정의적 특성 비교

교사는 자기보고 척도를 사용하여 학생들의 태도, 흥미, 가치 등의 정의적 특성 자료를 교수 전후에 얻을 수 있다. 정의적 특성에 대한 사전 검사 자료와 사후 검사 자료는 교사의 교수 효과성에 대한 유용하고 믿을 만한 증거다.

제8장에서 어떤 기능에 대한 학생들의 자신감과 실제 그 기능의 습득 간에 양의 상관관계가 있음을 기술하였다. 만약 교사가 익명으로 수집한 사전 검사와 사후 검사 증거를 통해 중요한 인지적 기능에 대한 학생들의 자신감이 상승했다는 것을 보일 수 있다면, 이러한 결과는 교수의 효과에 대한 긍정적 지표가 될 것이다.

만약 자신의 교수적 성공의 지표로서 정의적 특성에 대한 사전 검사와 사후 검사 증거를 수집하기로 한 교사가 있다면, 그 방법의 필요성이나 타당성에 대해 회의적인 입장을 가지는 사람을 설득할 수 있을 만큼 신뢰할 수 있는 증거를 수집해야 한다. 즉, 그 방법에 대해 회의적인 사람의 입장에서 교사 자신이 제시하는 증거가 믿을 만한지 진지하게 고민할 필요가 있다. 어떤 증거를 수집하더라도, 회의적인 사람들이 가질 수 있는 우려를 해소하기 위해 최선을 다해야 한다. 다행히 반분 - 교체 설계의 경우, 학생들의 응답을 공정한 채점자가 블라인드 채점하게 된다면 회의자들이 가지는 대부분의 우려를 불식시킬 수 있을 것이다.

만약 정의적 특성을 평가할 때 사전 검사 반응성이 우려된다면, 정의적 평가 척도를 반으로 나누어 서로 다른 반분 검사를 사전 검사와 사후 검사에서 학생들에게 실시하는 식으로 반분 - 교체 설계를 활용할 수 있다.

5. 마지막 고찰

올바로 제작된 검사가 교사의 교수적 의사결정의 질을 향상시키는 데 기여할 수 있는 길은 여러 가지가 있다. 그러나 교사가 "나의 수업은 얼마나 효과적이었나?" 하는 질문에 응답하는 것을 돕는 것보다 더 중요한 기여는 없다.

교수 활동의 성공 여부를 판단하는 방법 또한 여러 가지다. 많은 요인이 고려되어야 하며, 전혀 검사에 기반을 두지 않는 요인도 고려할 수 있다. 한 예로, 무단결석이나 지각, 중퇴 등의 현황을 고려함으로써 학교의 효과성에 대해 어느 정도 통찰을 얻는 것이 가능하다. 중 · 고등학교의 경우, 대학 진학률 역시 하나의 지표가 될 수 있다. 그리고 합리적인 교사 평가 모형이라면 교사의 교수 행동을 반드시 고려해야만 한다.

그러나 교수 효과성에 대한 가장 중요한 증거가 '학생들이 배운 것'을 중심으로 수집되어야 한다는 데 이의를 제기할 사람은 적을 것이다. 검사는 학생들이 무엇을 배웠는지를 판단하는 것을 도울 뿐만 아니라 학습의 증거를 공식적으로 알리는 도구가 된다. 이 장에서 검사에 기반을 둔 두 가지 증거 수집 방식, 즉 사전 검사와 사후 검사를 바탕으로 한 인지적 평가와 정의적 평가에 관해 살펴보았다. 이상적으로, 이 두 가지 접근 방식은 제10장에서 기술한 교수 지원적 기준기반 검사에 대한 학생들의 수행을 강화하며, 두 방식으로부터 수집된 증거는 교사들이 얼마나 잘 가르치고 있는지에 대해 믿을 만한 정보를 제공할 것이다. 교사들이 이러한 증거를 사용하여 수업의 어떤 부분이 효과적이고 어떤 부분이 효과적이지 않은지를 판단할 수 있게 되면, 교사들은 성공적인 부분은 계속 유지하되 실패하고 있는 부분에 대해서는 철저히 점검할 수 있을 것이다. 학생들은 그 이상의 교육적 수혜를 받을 자격이 있다.

수업중심 평가를 위한 팁

- 중요한 인지적 기능에 대한 학생들의 숙달에 대해 신뢰할 만한 사전-사후 검사 증거를 수집한다.
- 교실 평가에서 반분-교체 설계는 소수의 중요한 학습 성과의 사전-사후 검사 평가에만 신중하게 사용하도록 한다.
- 학생들의 정의적 특성 변화를 판단하기 위해 정의적 특성에 대해서도 사전 검사와 사후 검사를 사용한다.

추천 참고문헌

Bridges, E. M., & Groves, B. R. (2000). The macro- and micropolitics of personnel evaluation: A framework. *Journal of Personnel Evaluation in Education, 13*(4), 321-337.

Guskey, T., & Johnson, D. (Presenters). (1996). Alternative ways to document and communicate student learning [Audiotape]. Alexandria, VA: Association for Supervision and Curriculum Development.

Popham, W. J. (Program Consultant). (2000). *Evidence of school quality: How to collect it!* [Videotape]. Los Angeles: IOX Assessment Associates.

Popham, W. J. (2001). *The truth about testing: An educator's call to action.* Alexandria, VA: Association for Supervision and Curriculum Development.

Popham, W. J. (Program Consultant). (2002). *How to evaluate schools* [Videotape]. Los Angeles: IOX Assessment Associates.

Shepard, L. (2000, October). The role of assessment in a learning culture. *Educational Researcher, 29*(7), 4-14.

Stiggins, R. J. (2001). *Student-involved classroom assessment* (4th ed.). Upper Saddle River, NJ: Prentice Hall.

Stiggins, R. J., & Davies, A. (Program Consultant). (1996). *Student-involved conferences: A professional development video* [Videotape]. Portland, OR: Assessment Training Institute.

Cora 선생님의 교실: 수업중심 평가의 예시

나는 지금까지 교사의 수업을 이해하고, 향상시키며, 그 효과성을 평가하기 위해 전략적으로 평가를 사용할 수 있음을 보여 주었다. 이제 내가 제안한 전략들을 활용하고 있는 한 교사의 사례를 소개하면서 이 책을 마무리하고자 한다. 이 이야기는 한 도시의 중학교에서 9학년 4개 학급을 대상으로 영어 교과를 가르치고 있는 Cora Clark 선생님을 중심으로 전개된다.

1. 주의 승인을 받은 내용기준

Cora 선생님이 소속된 주에는 K-12 학년의 모든 주요 교과에 대해 주교육위원회가 승인한 내용기준이 있다. 또한 매년 봄 3학년부터 10학년의 모든 학생들이 응시하는 주 단위 시험이 있다. 이 시험은 위원회가 승인한 내용기준에 대한 학생들의 숙달을 측정하기 위해 제작된 것이다.

Cora 선생님은 내용기준 리스트를 살펴본 후, 중학교 영어 수업에 적용할 수 있는 5개의 내용기준을 확인하였다. 각 내용기준 아래에는 특정 학년의 학생들이 숙달해야 할 지식과 기능이 설명된 '학년별 벤치마크(grade-level benchmark)'가 2~6개 정도 있다. 또한 각 벤치마크에 대한 학생들의 숙달을 어떻게 측정하고자 하는지를 보여 주는 한두 개 정도의 예시 문항이 소개되어 있다.

주에서 단위학교에 제공한 설명서에는 벤치마크에 관한 설명이 Cora 선생님이 원하는 것보다는 다소 포괄적으로 기술되어 있지만, 예시 문항을 보면 각 벤치마크가 의미하는 바를 이해하는 데 도움이 된다. 사실 Cora 선생님은 항상 벤치마크의 예시 문항을 먼저 검토하면서 각 문항이 무엇을 평가하고자 하는지를 파악하고자 한다. 그런 다음, 학년별 벤치마크를 기술하기 위해 사용된 진술문을 참조한다. Cora 선생님은 다른 선생님들에게 다음과 같이 말한다. "교육과정에 진술된 벤치마크에 대해 명확히 알기 위해서는 결국 각 벤치마크가 어떻게 측정되는지를 파악해야만 한다."

영어 교과에 적용되는 5대 내용기준 중 하나는 '적절한 구두 의사소통'이다. 이 기준은 9학년 교육과정에서 두 개의 벤치마크로 제시되어 있다. "학생들은 친구들에게 효과적으로 자신의 생각을 말로써 전달할 수 있다."가 첫 번째 벤치마크다. Cora 선생님은 그 지역의 영어 교사 대부분이 학생들의 구두 의사소통 기능을 계발하고자 애쓰고 있다는 점을 알고 있다. 사실, Cora 선생님은 구두 의사소통 기능을 숙달하는 것이 단지 학교 내에서의 성취뿐만 아니라 성공적인 인생을 살기 위해서도 필요하다고 믿고 있기 때문에, 구두 의사소통 내용기준과 이 벤치마크가 합리적인 교과 목표라고 생각한다.

2. 주 단위에서 평가되지 않는 기능

Cora 선생님은 주에서 발간한 내용기준 및 벤치마크에 대한 설명서를 읽으면서, '적절한 구두 의사소통'이라는 내용기준에 속해 있는 학년별 벤치마크 중 어느 것도 매년 봄에 실시되는 주 단위 시험에서 평가되지 않는다는 것을 알게 된다. 주 단위 시험이 학생들의 구두 의사소통 기능을 다루지 않는 이유 중 하나는 대규모 검사를 통해 그러한 구두 기능을 평가하기에 여러 가지 실제적 난점이 따르기 때문일 것이다. 그럼에도 불구하고, Cora 선생님은 이러한 기능이 9학년에서 적극적으로 계발되어야 할 만큼 충분히 중요하다고 생각한다.

주 단위 시험에서 평가되지 않는 내용기준에 대해서는 예시 문항이 제공되지 않기 때문에, 학생들의 숙달 수준을 측정하는 방법을 교사 스스로 결정해야 한다. 첫 번째 벤치마크에 대해서, Cora 선생님은 학생들이 친구들에게 자신의 의견을 자신 있게 말할 수 있다면 학생들이 이 교과 목표를 성취한 것으로 평가해야 한다고 결론을 내린다. 즉, 첫 번째 벤치마크의 달성을 '학급 친구들 앞에서 효과적으로 구두 발표하는 것'이라고 조작적으로 정의한다.

3. 평가 관점에서의 과제 분석

Cora 선생님은 수업을 더 효과적으로 진행하기 위해서 이 벤치마크를 달성하는 데 실지로 무엇이 필요한지를 보다 분명히 이해해야 한다는 것을 깨닫게 된다. 그래서 자신에게 "학생들이 친구들 앞에서 구두 발표를 효과적으로 할 수 있도록 하기 위해서는 무엇을 알아야 하고 어떠한 기능이 필요한가?"라는 질문을 던진다.

Cora 선생님은 구두 발표라는 과제를 분석함으로써, 학생들이 구두 발표를 할 때 요구되는 인지적 처리 과정과 관련된 여러 구체적인 기능을 다음과 같이 정의하였다.

- 발표 주제를 숙지했다는 점을 보여 주어야 한다.
- 발표 내용을 주요 요점과 하위 요점으로 조직해야 한다.
- 청중의 흥미와 관심을 고려해야 한다.
- 세부 사항이 생생히 드러나도록 구성해야 한다.
- 청중 앞에서 그저 말하는 것이 아니라, 청중에게 자신의 의사를 전달해야 한다.
- 알아들을 수 있도록 분명히 말하고, 발표하는 동안 목소리의 톤을 일정하게 유지해야 한다.
- 사람들이 귀로 듣는 정보를 처리하는 방식은 눈으로 보는 정보를 처리하는 방식과 다르다는 것을 이해하고, 청중들의 이해를 돕기 위해 같은 내용을 반복해서 언급하거나 시각적 보조 자료를 활용하는 것과 같은 방법을 사용해야 한다.
- 대중 연설의 긴장감을 누그러뜨리기 위해 시선 처리나 호흡법과 같은 다양한 기법에 익숙해져야 한다.

Cora 선생님은 이 리스트에 포함된 내용이 구두 의사소통에서 요구되는 기능을 전반적으로 잘 다루고 있다고 생각하였다. 물론 학생들이 이처럼 중요한 벤치마크를 숙달하도록 하려면, 수업에서 이러한 기능과 지식에 초점을 두어 가르쳐야 한다. 그녀는 학생들에게 하루 정도의 준비 기간을 주고 익숙한 주제에 대해 즉석연설을 하도록 하였다. 만약 이를 성공적으로 해낼 수 있다면, 앞으로 배우게 될 주제에 대해서도 구두 보고를 효과적으로 할 가능성이 높다고 판단할 수 있을 것이다. 따라서 Cora 선생님은 학급에서 5분 간 즉석연설을 하도록 함으로써 이 벤치마크에 대한 학생들의 숙달을 측정하기로 결정한다.

Cora 선생님은 또 학생들의 구두 의사소통 기능이 어떻게 발달하고 성장해 가는지를 추적하는 방법에 대해서도 한 가지 아이디어를 가지고 있다. Cora 선생님의 남편은 자칭 '비디오 마니아'이기 때문에, 고성능의 비디오카메라와 편집 장비를 갖추고 있다. 그녀는 4개 학급 학생 전부를 대상으로 학년 초에 사전 검사를, 학년 말에는 사후 검사를 실시하기로 결정하고, '십대를 위한 TV: 우리가 이 프로그램을 시청하는 이유'와 '학교에서 다른 학생들과 친하게 시내기' 등과 같이 학생들의 흥미를 유발할 만한 여러 개의 연설 주제를 제안한다.

Cora 선생님의 수업은 구두 의사소통에 초점을 둔 것이기 때문에, 단순히 학생들에게 사전 검사와 사후 검사를 실시해서 수업의 효과를 평가하는 것보다 더 엄격한 방식으로 평가를 실시하기로 결정하였다. 이러한 결정을 내리게 한 주된 요인은 번거로운 촬영 및 편집 작업을 기꺼이 도와주려고 하는 남편의 존재였다. 최근 몇 년의 경험을 통해, Cora 선생님은 특정 검사 방식을 사용하기 전에 그 방식을 적용하는 데 요구되는 시간과 노력의 양을 신중히 검토해야 한다는 점을 깨닫게 되었다. 따라서 검사의 실시와 준비, 혹은 채점에 너무 과도한 시간을 보내지 않기를 원한다.

4. 기능중심 루브릭

연설 주제를 생각하면서, 동시에 Cora 선생님은 학생들의 구두 발표를 평가할 수 있도록 기능중심 루브릭을 고안하였다. 그녀는 몇 개의 평가 준거를 생각한 후 최종적으로 3개의 준거를 포함하는 채점 루브릭을 만들고, 각 평가 준거를 간략하게 나타낼 수 있는 이름을 부여하였다. 이 평가 준거는 학생들의 구두 발표 능력을 향상시키기 위한 수업 활동에 활용될 계획이다.

최종 버전에 가까운 루브릭을 만든 후, Cora 선생님은 그 학교의 다른 두 영어 교사에게 루브릭 초안을 검토해 줄 것을 부탁한다. 두 교사는 Cora 선생님에게 루브릭의 각 평가 준거가 의미하는 바를 좀 더 완전하게 설명할 것을 제안하였다.

Cora 선생님이 구두 의사소통 기능을 위해 고안한 루브릭은 세 가지 평가 준거에 기초하고 있다. 첫째는 발표의 내용, 둘째는 발표의 조직, 셋째는 발표의 기술, 즉 시선 처리, 목소리의 적절한 통제, 산만한 습관 없애기 등과 같은 의사전달 기술이다. 동료 교사들의 조언대로 Cora 선생님은 각 평가 준거의 의미를 설명하는 간단한 설명서를 작성하고 학생들에게 나누어 준다.

한 해가 지나는 동안, 이 세 가지 평가 준거는 구두 발표와 관련된 Cora 선생님의 모든 수업에서 활용된다. 학생들이 이 세 가지 평가 준거에 익숙하게 되어 진정으로 내면화하는 것이 Cora 선생님의 소망이다.

5. 교수 전 자료수집

교수학습이 진행되기 전에 학생들의 구두 의사소통 기능에 대한 증거 수집을 시작하기 위해서, Cora 선생님은 개학 첫 주에 시사적인 문제와 관련된 연설 주제 6개를 선택한 다음 각 학급에서 6명의 학생을 무작위로 선택하여 각 학생에게 연설 주제를 하나씩 할당한다. 연설 준비에는 하루의 시간을 주고, 이튿날 학생들이 각 학급에서 연설을 한다. 학생들의 연설 장면은 아무것도 적혀 있지 않은 칠판을 배경으로 모두 녹화된다.

세 가지 평가 준거에 비추어 학생들의 '사전 검사' 녹화 자료를 분석한 결과, Cora 선생님은 아주 소수의 학생들만이 구두 발표 능력을 갖추고 있다고 결론을 내린다. 이전 학년에서도 이 기능에 대한 수업을 받았겠지만, 학급에서 무작위로 선택한 학생들이 보인 능력은 현저하게 미약한 수준이다. Cora 선생님은 1차적으로는 루브릭의 평가 준거를 충족시키면서, 궁극적으로는 설득력 있고 유창한 대중 연설가가 되는 데 필요한 기능을 계발하기 위하여 기초 능력부터 가르치기 시작할 필요가 있음을 깨닫는다. 따라서 계획서(planning book)를 펼치고, 필요한 기능의 리스트를 뽑아내며, 작업에 착수한다.

6. 기타 교육과정 목표

구두 의사소통 내용기준 외에도, Cora 선생님은 주에서 승인한 내용기준에서 자신이 한 학년 동안 다루고자 하는 여러 개의 교과 목표를 확인한다. 이 목표 중 하나는 학생들이 표준적인 미국 영어를 거의 오류 없이 말하고 쓸 수 있도록 하는 것이다. 한 학년 동안 Cora 선생님은 학생들에게 작문 연습이나 구두 발표 또는 즉흥 연설을 시킬 때마다 이 목표에 초점을 두어 가르친다. 또한, 한 학년 동안 이 목표와 관련된 수업 도구로서 교실 평가를 활용하려고 노력한다.

어느 날 Cora 선생님은 3교시와 6교시 수업의 학생들이 구두 발표를 하면서 동일한 종류의 문법적 오류를 범하고 있다는 것을 알게 되었다. 그 학생들은 단수 주어에 복수 동사를 쓰거나 복수 주어에 단수 동사를 쓰는 식으로 주어-동사 일치에 관한 문법을 위반하고 있는 것이다. 그날 저녁, Cora 선생님은 그 문법 주제에 대해 간단한 퀴즈를 급히 준비한다. 이 퀴즈의 결과를 본 Cora 선생님은 대부분의 학생이 주어-동사 일치 관계에 관해 실수를 범하고 있으며, 따라서 수업 시간을 충분히 할애할 필요가 있다고 결론을 내리고 이를 향후 수업 계획에 포함한다.

Cora 선생님은 또한, "학생들은 자신의 구두 의사소통 기능에 자신감을 가진다."라는 목표를 한 해 동안의 정의적 목표로 설정하였다. 이 목표를 달성하기 위해, 그녀는 학생들의 발전과정을 자주 칭찬하고 학생들에게 그들의 구두 의사소통 기능이 얼마나 향상되었는지를 발견할 기회를 많이 제공한다. Cora 선생님은 구두 의사소통의 자신감에서 학생들의 성장을 공식적으로 측정하기 위해, 무기명 사전 검사와 사후 검사 기반으로 실시할 자기보고식 정의적 척도의 초안 작성을 이미 끝낸 상태다.

7. 발달과정 점검 및 교수 방법 수정

선생님의 기대와 달리, 학생들이 구두 의사소통 기능을 숙달하는 데에는 꽤 오랜 시간이 걸렸다. Cora 선생님은 학생들이 한 학기 정도 지나면 그 기능을 숙달해서 그 후로는 더 이상의 교수가 필요 없을 거라고 생각했다. 그러나 학년의 중반쯤 가서 모든 학생에게 자신이 선택한 주제로 5분짜리 즉석연설을 하도록 한 후 루브릭의 평가 준거에 비추어 평가한 결과, 이 기능을 숙달하기 위한 추가적 교수가 필요함이 명확히 드러났다.

학생들의 수행이 기대에 미치지 못했기 때문에, Cora 선생님은 자신의 교수 방식을 어느 정도 변경하기로 결정했다. 한 학생의 구두 발표를 세 명의 학생이 패널이 되어 정기적으로 평가하게 하는 동료 평가에 더 많은 주의를 기울이기로 한 것이다. 이 학생 패널들은 발표를 한 학생과 다른 학생들에게 발표자의 수행에 대해 평가한 결과를 보고한다. 이처럼 교수 방식을 동료 평가로 수정한 결과, 학생들은 루브릭의 세 가지 평가 준거에 더 많은 관심을 가지게 되었다. Cora 선생님은 이처럼 교수 전략을 변경한 것이 효과적이었다고 생각한다.

8. 사후 검사 및 교수 효과에 대한 증거 수집

학년 말이 되자 Cora 선생님은 그동안 각 학급에서 다루지 않았던 시사적인 이슈와 관련하여 6개의 연설 주제를 선택한 다음, 무작위로 선택된 6명의 학생들에게 할당하였다. 이번에도 역시 학생들에게 하루의 준비 기간을 주고, 학기 초에 촬영했던 것과 동일하게 칠판을 배경으로 발표자 학생들의 연설을 녹화하였다.

Cora 선생님은 학년 초에 4개 학급에서 6명을 대상으로 녹화한 24개의 사전 검사 비디오테이프와 학년 말에 동일한 방식으로 녹화한 24개의 사후 검사 비디오테이프를 남편에게 주고, 녹화된 자료를 학급당 하나의 비디오테이프에 편집하되, 어느 것이 사전 검사 자료이고 어느 것이 사후 검사 자료인지 시청자가 알아볼 수 없도록 섞어서 편집해 달라고 요청한다. 그런 다음, '적절한 구두 의사소통'이라는 내용기준에 대한 수업 효과성을 평가하기 위해 지난해 담당한 학급을 통해 알게 된 네 명의 학부모에게 녹화된 연설 자료를 채점해 달라고 요청한다.

한 학년 동안 각 학급을 가르치면서 사용한 채점 루브릭을 학부모 자원자들에게 제공하면, 학부모들은 채점 루브릭을 사용하여 녹화 연설에 대한 평가를 한다. 평가가 완료되면, Cora 선생님이 다시 사전 검사 연설과 사후 검사 연설을 구별하여 점수를 계산한다. 블라인드 채점 결과, 사후 검사 연설이 사전 검사 연설보다 훨씬 높은 점수를 받은 것이 확인되었고, 이러한 결과는 네 개 학급 모두에서 동일하였다. 대부분의 학급에서 최고 점수를 받은 여섯 개의 연설 중에서 다섯 개가 사후 검사 연설이었으며, 한 학급에서는 여섯 개의 최고 점수 연설 모두가 사후 검사 때 한 것이었다.

이러한 증거에 기초하여, Cora 선생님은 구두 의사소통 기능에 대한 학생들의 숙달을 목표로 시행한 자신의 수업이 효과가 있었다고 결론을 내린다. Cora 선생님은 물론 이러한 결과에 기뻐했다.

학년 말에 수집한 이와 같은 증거는 블라인드 채점 결과를 통해 얻은 명확하고, 공정하며, 매우 신뢰할 만한 증거였지만, Cora 선생님은 사실 1년 내내 채점 루브릭을 사용하여 그녀 수업의 효과성을 평가해 오고 있었다. 즉, 루브릭에 기초하여 학생들의 구두 발표를 정기적으로 평가하고 개별적인 피드백을 제공해 왔으며, 학생들의 성장 파일에 보관된 동료 평가서를 계속 점검하고 있었다. 다시 말해서, Cora 선생님은 수업의 성공을 평가하기 위해 아주 정교한 방식으로 사전 검사와 사후 검사를 비교하기로 하였지만, 이와 더불어 수업의 질을 점검하고 유지하기 위해 비공식적인 평가 활동을 지속적으로 수행해 온 것이다.

9. 더 나은 평가, 더 나은 수업

Cora 선생님은 한 학년 내내 교수학습과 관련된 의사결정이 필요할 때마다 평가에 크게 의존하였다. 그녀는 주의 교과 목표를 확인하기 위해 예시 문항을 활용하였다. 또한 자신이 제작한 사전 검사를 사용하여 학생들의 구두 의사소통 기능이 약하다는 것을 파악하였고, 학년 중반에 실시한 평가 결과로부터 학생들이 숙달하지 못한 구두 의사소통 기능과 연관된 수업을 지속적으로 제공할 필요가 있음을 발견하였다. Cora 선생님은 이 기능과 관련된 수업의 효과성에 대한 탄탄한 증거를 확보하기 위해, 교수학습 이전과 이후에 녹화한 구두 발표 자료를 블라인드 채점하여 비교하는 독창적인 방법을 사용하였다. Cora 선생님은 또한 학생들이 주어-동사 일치관계에 약하다는 점을 발견하고, 학급 전체의 상태를 파악하기 위해 짧은 퀴즈를 사용하였다. 그리고 내년에는 기쁜

마음으로 학생들의 정의적 특성을 평가할 것이다.

분명, 수업에는 평가 이상의 것이 존재한다. 그러나 교사가 수업중심의 평가로부터 얻는 이점을 인식하고 활용한다면, 그 교사의 수업은 틀림없이 향상될 것이고 학생들 또한 더 많은 것을 배우게 될 것이다. Cora 선생님의 이야기는 평가가 수업을 도울 수 있는 여러 가지 방식을 알려주고 있다. 좋은 평가는 분명 좋은 수업을 만들 것이다.

찾아보기

내 용

저자 소개

W. James Popham

W. James Popham 박사는 UCLA 교육 및 정보학 대학원(Graduate School of Education and Information Studies)의 명예교수다. 그는 생애의 대부분을 고등학교 교사와 UCLA 교수로 보냈다. 특히 UCLA에서는 30여 년 동안 교직 이수자들을 위한 교수방법 강좌와 석 · 박사과정 대학원생을 위한 교육측정 및 평가 강좌를 가르쳤다. 1997년에는 California Educational Research Association으로부터 '교육연구 및 평가 평생 공로상'을 받았으며, 2000년 1월에는 『UCLA Today』에 의해 20세기 최고의 대학교수 20인에 선정되기도 하였다.

1968년, Popham 박사는 IOX Assessment Associates라는 연구 기관을 세우고, 이를 통해 미국의 여러 주를 위한 학생 성취도 검사를 개발해 왔으며, 25권의 책과 약 200편에 달하는 학술논문을 집필하였다. AERA(미국교육학회)의 회장직과 AERA의 학술지 『Educational Evaluation and Policy Analysis』의 창립 편집자를 역임하였다.

역자 소개

김성훈(Kim, Seonghoon)

서울대학교 교육학과에서 학사 및 석사 과정을 마치고, 미국 아이오와 대학교(University of Iowa)에서 교육측정 및 통계 전공으로 박사학위를 받았으며, 현재는 한양대학교 사범대학 교육학과에서 교수로 재직 중이다. 주요 연구 관심 분야는 문항반응이론, 검사동등화 및 척도화, 신뢰도 및 타당도, 실험 설계 및 분석 등이며, 주요 저 · 역서로는 『교직실무』(공저, 공동체, 2010), 『Handbook of polytomous item response theory models (Chap. 11)』(공저, Routledge, 2010), 『행동과학에서의 실험의 설계와 분석』(공저, 교육과학사, 2011), 『교육측정』(공역, 학지사, 2015) 등이 있다.

이현숙(Yi, Hyunsook)

서울대학교 지구과학교육과에서 학사 및 석사 과정을 마치고, 미국 아이오와 대학교(University of Iowa)에서 교육측정 및 통계 전공으로 박사학위를 받았으며, 현재는 건국대학교 사범대학 교직과(대학원 교육학과)에서 교수로 재직 중이다. 주요 연구 관심 분야는 배움중심 평가와 문항반응이론, 검사동등화 및 척도화, 다변량 통계분석 등이며, 주요 역서로는 『구조방정식모형-원리와 적용-』(공역, 학지사, 2010), 『지식사회와 학교교육-불안정한 시대의 교육-』(공역, 학지사, 2011), 『교육측정』(공역, 학지사, 2015) 등이 있다.

수업중심 교육평가: 더 나은 수업을 위한 평가의 역할
Test Better, Teach Better: The Instructional Role of Assessment

2016년 4월 14일 1판 1쇄 발행
2017년 4월 20일 1판 2쇄 발행

지은이 • W. James Popham
옮긴이 • 김성훈 · 이현숙
펴낸이 • 김진환
펴낸곳 • (주) 학지사

04031 서울특별시 마포구 양화로 15길 20 마인드월드빌딩
대표전화 • 02)330-5114   팩스 • 02)324-2345
등록번호 • 제313-2006-000265호

홈페이지 • http://www.hakjisa.co.kr
페이스북 • https://www.facebook.com/hakjisabook

ISBN 978-89-997-0926-5 93370

정가 14,000원

이 도서의 국립중앙도서관 출판시도서목록(CIP)은 서지정보유통지
원시스템 홈페이지(http://seoji.nl.go.kr)와 국가자료공동목록시스템
(http://www.nl.go.kr/kolisnet)에서 이용하실 수 있습니다.
(CIP제어번호: CIP2016008181)

교육문화출판미디어그룹 학지사
심리검사연구소 인싸이트 www.inpsyt.co.kr
원격교육연수원 카운피아 www.counpia.com
학술논문서비스 뉴논문 www.newnonmun.com